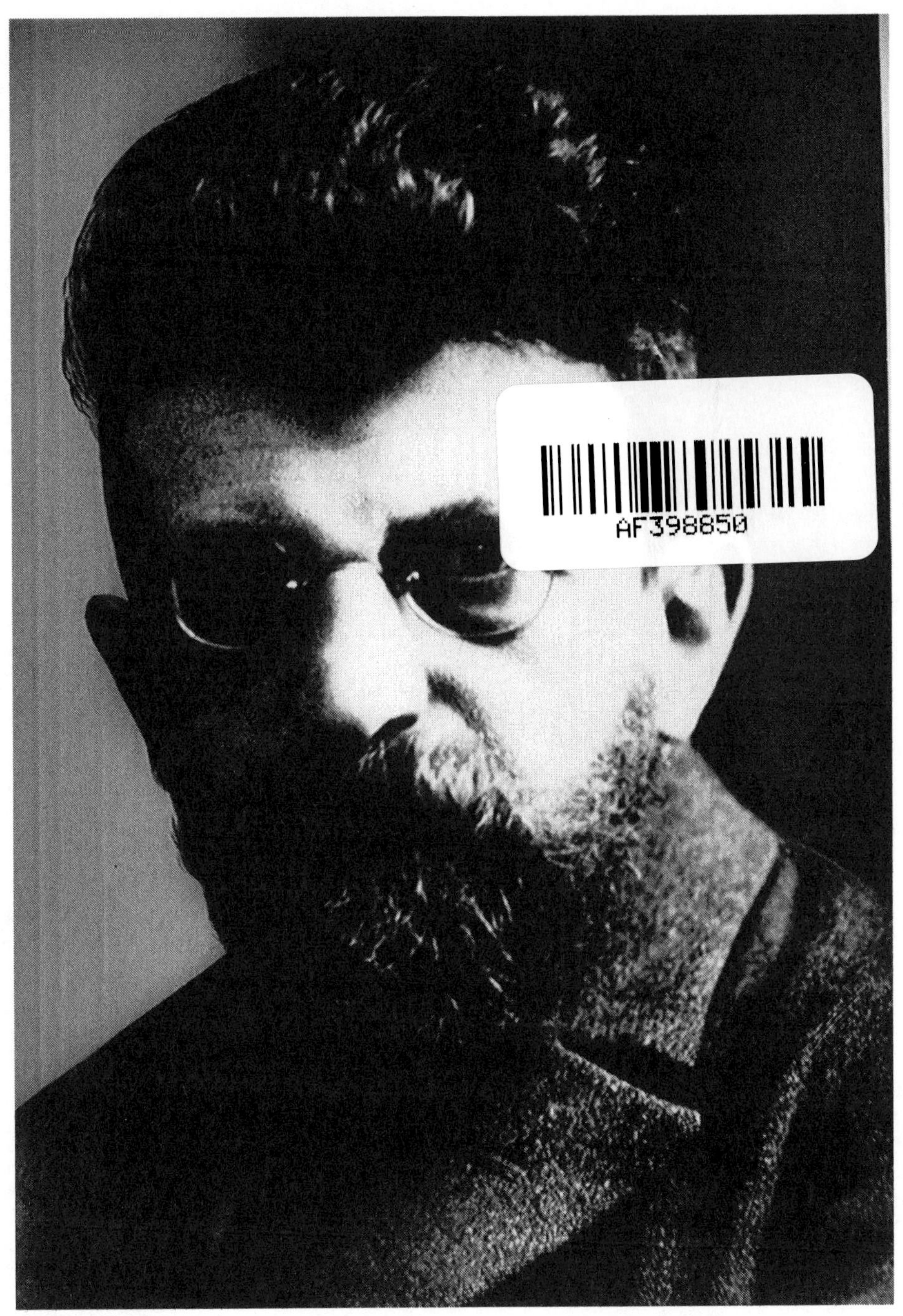

Erich Mühsam (um 1927)

Carl von Ossietzky (1932)

Schriften der Erich-Mühsam-Gesellschaft. Heft 14

Allein mit dem Wort:

Erich Mühsam, Carl von Ossietzky, Kurt Tucholsky

Schriftstellerprozesse in der Weimarer Republik

2. Auflage

Siebte Erich-Mühsam-Tagung in der Gustav-Heinemann-Bildungsstätte in
Malente, 10.-12. Mai 1996

Redaktion:	Marita Bruns, Jürgen-Wolfgang Goette, Horst Krause, Sabine Kruse
Bearbeiter:	Jürgen-Wolfgang Goette
Herausgeberin:	Erich-Mühsam-Gesellschaft e.V., Lübeck (in Zusammenarbeit mit der Kurt-Tucholsky-Gesellschaft, Berlin)
©	Erich-Mühsam-Gesellschaft e.V., Lübeck 1997; 2. Auflage 2003; für die einzelnen Beiträge bei den Autorinnen und Autoren
Textverarbeitung:	Eva Christine Meußler
Herstellung:	Books on Demand GmbH, Norderstedt
ISSN:	0940-8975
ISBN:	3-931079-17-1
Preis:	10.- €

Inhaltsverzeichnis

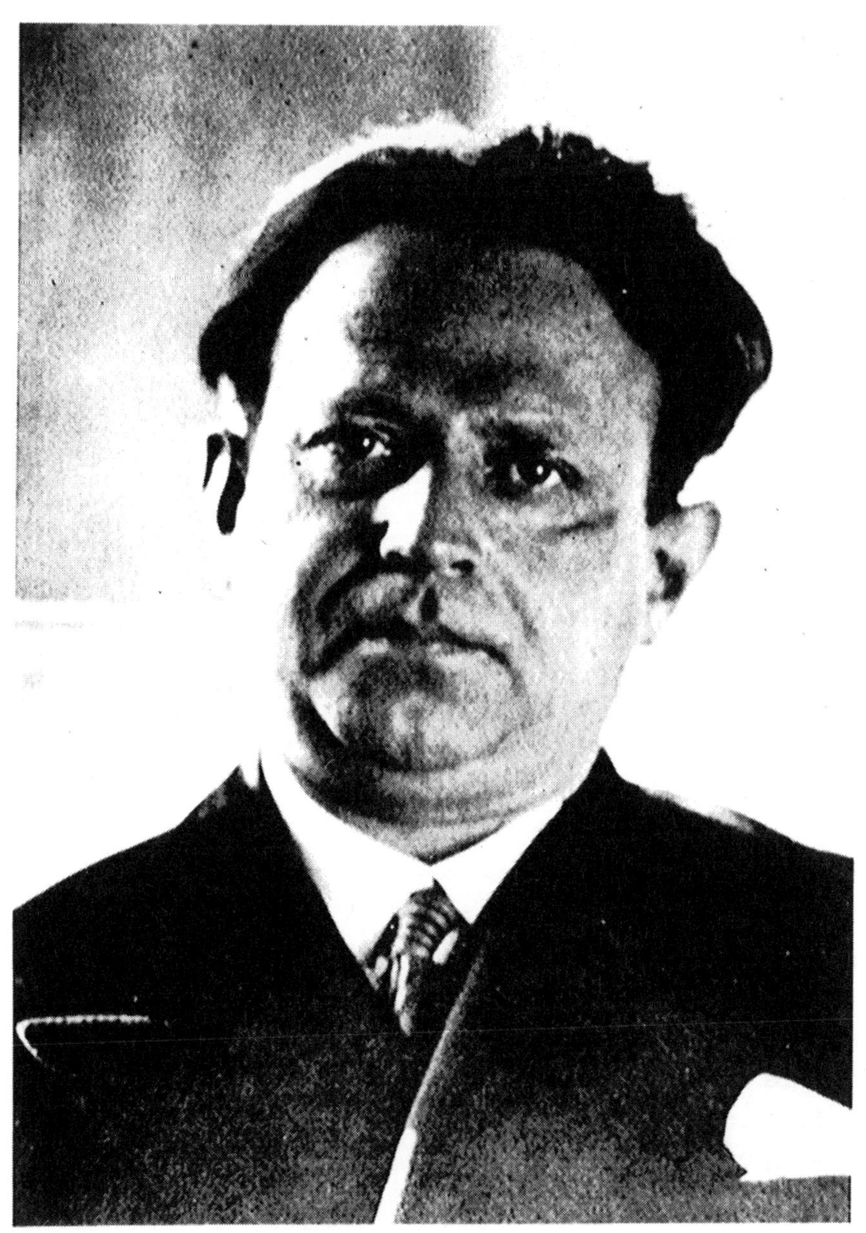

Kurt Tucholsky (1927)

Vorbemerkung

"Allein mit dem Wort" - unter diesem von Diana Birkenfeld geprägten Motto stand die 7. Erich-Mühsam-Tagung, die - wie jedes Jahr - in der Gustav-Heinemann-Bildungsstätte in Malente stattfand und dieses Mal gemeinsam mit der Kurt-Tucholsky-Gesellschaft veranstaltet wurde. Für die Mitwirkung bei der Konzeption und Durchführung der Tagung danken wir Michael Hepp, dem Vorsitzenden der KTG.

Welche Macht das Wort hat, welche Bedrohung es für Machthaber darstellt, zeigt das Schicksal der drei Schriftsteller, - stellvertretend für andere Kolleginnen und Kollegen, die die Nazidiktatur mit dem Wort bekämpft haben: Erich Mühsam, Carl von Ossietzky und Kurt Tucholsky. Sie lehnten den Obrigkeitsstaat ab, weil er den Menschen entmündigte; sie bekämpften die Militarisierung der Gesellschaft und kämpften für Demokratie in der überwiegend obrigkeitsgläubigen Gesellschaft. Ihnen allen gemeinsam war die Radikalkritik am Unrechtsregime. Aber sie blieben Außenseiter, alleingelassen mit ihrem Wort. Alle politischen Prozesse gegen Schriftsteller in der Weimarer Republik waren Unrechtsprozesse. Viele Urteile wurden bis heute nicht revidiert. Nach 1945 machten zahlreiche - "ehemalige" - Nazis Karriere; sie blieben auf ihren Posten oder gelangten in höchste Ämter, ja konnten sogar Bundeskanzler oder Bundespräsident werden. Viele der Täter erhielten "Entschädigungs"zahlungen oder erhalten noch heute hohe Renten, während diejenigen, die die Diktatur bekämpft und sich unter größten Opfern für Frieden und Menschlichkeit eingesetzt haben, noch heute auf Rehabilitation und Entschädigung warten. Tucholskys Satz "Soldaten sind Mörder" erzeugt bei den gegenwärtigen Regierungsparteien dermaßen Angst, daß sie ein Gesetz schaffen wollen, das diese Meinungsäußerung unter Strafe stellt.

Diana Birkenfeld verglich in ihrem Beitrag die Prozesse gegen Erich Mühsam und Carl von Ossietzky. Chris Hirte, Herausgeber der Tagebücher Erich Mühsams und Verfasser einer Biographie, zeigte anhand von Mühsams Lebensweg die Entwicklung seiner anarchistischen Anschauungen. Elke Suhr, Mitherausgeberin der Werke Ossietzkys und Biographin, referierte über den Kampf des Pazifisten Carl von Ossietzky gegen die Aufrüstung, im Mittelpunkt stand der "Weltbühnen"-Prozeß. Michael Hepp, Vorsitzender der Kurt-Tucholsky-Gesellschaft und Tucholsky-Biograph, erörterte die Aktualität des inzwischen berühmt gewordenen Tucholsky-Satzes "Soldaten sind Mörder". Themaübergreifend und auf die Gegenwart bezogen faszinierte Harry Pross, Verfasser vieler Bücher, die republikanisches Denken in der Bundesrepublik repräsentieren, das Auditorium mit Gedanken zum Problem Meinungsfreiheit in Deutschland.

September 1997   Jürgen-Wolfgang Goette/Sabine Kruse

Tabellarischer Vergleich der Lebensläufe

	Erich Mühsam	Carl von Ossietzky	Kurt Tucholsky
Herkunft/ Jugend	1878 in Berlin geboren; in Lübeck aufgewachsen; jüdische Familie; Vater (gest. 1915) Apotheker; konfliktreiche Vater-Sohn-Beziehung	1889 in Hamburg geboren (aus verarmtem polnischen Adel stammend); Vater Stenograf in einer Anwaltskanzlei (stirbt schon 1891); O. wächst bei Verwandten auf.	1890 in Berlin geboren; Vater Direktor der Berliner Handelsgesellschaft (1905 gestorben); konfliktreiche Mutter-Sohn-Beziehung; jüdische Familie (T. tritt 1914 aus dem Judentum aus.)
Schule/ Studium/ Beruf	Besuch des Gymnasiums; mehrfaches Sitzenbleiben; Relegation (wegen "sozialistischer Umtriebe"); Sekundaabschluß in Parchim; Apothekerlehre	Schulabgang ohne mittlere Reife; 1907 Gerichtsschreiber beim Amtsgericht Hamburg (mit Unterbrechung bis 1919)	Gymnasialbesuch; 1910 Abitur (als Externer); Studium der Jurisprudenz (1915 Doktorexamen); finanziell unabhängig durch Erbschaft
Beginn der schriftstellerischen Arbeit	1900 Abbruch der Apothekerarbeit; freier Schriftsteller; 1902 Redakteur der anarchistischen Zeitschrift "Der arme Teufel"; 1911 Alleinherausgeber des "KAIN. Zeitschrift für Menschlichkeit" (1911-14; 1918/19); Mitarbeit in verschiedenen Kabaretts; Gedichtsammlungen, u. a. "Wüste - Krater - Wolken" (1914) und Theaterstücke, u. a. "Die Freivermählten"	Seit 1908 Mitglied der Demokratischen Vereinigung; 1911 erster Beitrag für "Das freie Volk" (seit 1912 regelmäßiger Mitarbeiter)	Schon während des Studiums journalistische Tätigkeit, vor allem beim "Vorwärts"; 1912 erster großer Erfolg mit dem Roman "Rheinsberg"; seit 1913 Mitarbeiter der "Schaubühne" (der späteren "Weltbühne")

10

1. Welt-krieg/ Revolution	Nicht zum Kriegs-dienst eingezogen; Versuche, die Kriegs-gegner zur Zusam-menarbeit zu veran-lassen; 1918/19 Teil-nahme an der bayri-schen Räterepublik an führender Stelle; 1919 Verhaftung und Verurteilung wegen "Hochverrats" zu 15 Jahren Festungshaft; 1924 amnestiert	Zunächst als untaug-lich eingestuft, wird er 1916 zum Heeres-dienst eingezogen (Soldat mit der Schau-fel); 1919 Sekretär der Deutschen Friedensge-sellschaft in Berlin	1915/18 Soldat im Osten (ohne Waffendienst); 1919 Mitbegründer des Friedensbundes der Kriegsteilnehmer
politische und schriftstel-lerische Arbeit in der Wei-marer Re-pubklik	1926-31 Herausgabe der Zeitschrift "Fanal"; Theater-stücke, u. a. "Staatsraison" und "Judas", und Gedicht-sammlungen, u. a. "Brennende Erde" und "Sammlung"; Einsatz für die Frei-lassung politischer Gefangener; 1927-29 "Unpolitische Erinne-rungen"; 1932 "Die Befreiung der Gesell-schaft vom Staat"	Redakteur bei ver-schiedenen Zeitungen; Mitbegründer der (erfolglosen) Republi-kanischen Partei; ab 1926 Mitarbeiter und Herausgeber der "Weltbühne"; im "Weltbühnen"-Prozeß 1931 wegen "Landesverrats" zu 18 Monaten Gefängnis verurteilt (O. hatte die geheime Aufrüstung der Reichswehr aufge-deckt); 1932 aufgrund einer Amnestie vor-zeitig entlassen	1920 Beitritt zur USPD (nach deren Auflösung 1922 Mitglied der SPD); 1923 kurzzeitig Volontär einer Berliner Bank; viele Jahre im Vorstand der Deutschen Liga für Menschenrechte; Redak-teur und Mitarbeiter verschiedener Zeitun-gen, vor allem der "Weltbühne" (für kurze Zeit auch deren Heraus-geber); 1929 "Deutschland, Deutsch-land über alles"; 1931 großer Erfolg mit dem Roman "Schloß Grips-holm"
Privates (Ehe/ Kinder/ Wohnsitz)	Seit 1915 mit der aus Bayern stammenden Kreszentia verheira-tet; keine gemeinsa-men Kinder; Wohn-sitz nach seiner Frei-lassung: Berlin; ge-sundheitlich durch die Haft angeschlagen	1913 Heirat mit Maud, einer englischen Frau-enrechtlerin; eine Tochter; Wohnsitz: Berlin (seit 1919)	Zwei gescheiterte Ehen; keine Kinder; seit 1924 Arbeitsplatz in Paris, 1930 Übersiedlung nach Schweden; gesundheitli-che Probleme (mehrere Operationen)

1933	Am 28.2.1933 verhaftet; Aufenthalt in verschiedenen Gefängnissen und KZs, zuletzt KZ Oranienburg	Am 28.2.1933 verhaftet; Aufenthalt in verschiedenen Gefängnissen und KZs, zuletzt KZ Esterwegen	1933 Ende der "Weltbühne"; keine Publikationsmöglichkeiten; Ausbürgerung
Tod	In der Nacht vom 9./10.7.1934 von SS-Leuten ermordet	Internationale Kampagne führt 1936 zur Freilassung des schwerkranken O.; im selben Jahr erhält er den Friedensnobelpreis; 4.5.1938 Tod infolge der Haftbedingungen und Folterungen	21.12.1935 Tod (Selbstmord ?) in Hindas bei Göteborg

Diana Birkenfeld

Allein mit dem Wort

Prozesse gegen Schriftsteller in der Weimarer Republik

In vielen Ländern werden politisch Andersdenkende Opfer von Verfolgung, willkürlicher Verhaftung und Mord. Unter diesen Verfolgten machen Schriftsteller und Publizisten eine besondere Gruppe aus. Diktatorische Regime müssen empfindlich getroffen sein, wenn in Tageszeitungen und Wochenschriften eine Sprache gesprochen wird, die unmißverständlich für Frieden und die Menschenrechte eintritt. Viele von ihnen wurden und werden zum Schweigen gebracht. Rosa Luxemburg wurde am 15. Januar 1919 wegen ihres Andersdenkens ermordet, Sophie Scholl wäre am 9. Mai 1996 75 Jahre alt geworden, hätte man sie nicht am 22. Februar 1943 wegen ihres Widerstands gegen das NS-Regime hingerichtet. Längst nicht allen Schriftstellern wurde vorher ein Prozeß gemacht.

Um solche Prozesse soll es nun im folgenden gehen, die Willkür der Justiz steht im Vordergrund dieses Referats. Es gilt zu zeigen, mit welchen Mitteln die politische Justiz der Weimarer Republik bewußt Rechtskonstruktionen schafft, um Unbequeme auszuschalten. Ernst Toller wird 1919 wegen seiner Beteiligung an der Münchner Räterepublik zu fünf Jahren Festungshaft verurteilt, Erich Mühsam wegen des gleichen Delikts zu 15 Jahren. 1931 wird Carl von Ossietzky als "Landesverräter" zu 18 Monaten Haft verurteilt.

Notverordnungen und spitzfindige Pressegesetze zeigen, daß die Presse ein besonderes Anliegen der Reichsregierung war. Prozeßverlauf und Urteilsbegründung in den vorgestellten Verfahren haben ihre Merkwürdigkeiten, die Unverhältnismäßigkeit von Tat und Strafmaß sticht ins Auge. Viele Fakten sprechen für sich und bedürfen keines weiteren Kommentars. Es stellt sich die Frage nach der Macht und Ohnmacht des Worts, wenn Menschen allein mit dem Wort einer Regierung so gefährlich erscheinen, daß man sie ermorden oder in Gefängnissen verschwinden läßt. Am 10. Mai 1933 übergeben fanatische Studenten in SA-Uniformen die Schriften von Ernst Toller, Erich Mühsam, Kurt Tucholsky, Carl von Ossietzky und die vieler anderer den Flammen. Mancher Richter und Ermittlungsbeamte aus den gegen sie angestrengten Verfahren macht später an Hitlers Volksgerichtshof Karriere.

Die Münchner Räterepublik 4.4. - 2.5.1919

Am 7. April 1919 steht es in allen großen Tageszeitungen: "Baiern ist Räterepublik!" Schon am 16. Februar hat es in München eine Massendemonstration für das Rätesystem gegeben. Als am 21. Februar Kurt Eisner bei einem Attentat von den Schüssen des Grafen Arco-Valley tödlich getroffen wird, wirkt das wie ein Startschuß, die Räteidee in die Tat umzusetzen. Der Proklamationstext wird von Gustav Landauer und Erich Mühsam aufgesetzt, und am 6. April werden die Volksbeauftragten gewählt. Hier übernimmt Erich Mühsam zwar kein Kommissariat, aber er ist von Anfang an als Mitglied des Revolutionären Arbeiterrates eine der treibenden Kräfte. Er ist es, der noch in der Proklamationsnacht Funksprüche nach Budapest und Moskau sendet.

Bis zuletzt bleibt der Versuch, die KPD unter Vorsitz von Eugen Leviné umzustimmen, ohne Erfolg. Ernst Toller übernimmt als Nachfolger von Ernst Niekisch den Vorsitz des Revolutionären Zentralrats. Als er in dieser Position am 11. April 1919 die Entwaffnung der bürgerlichen Bevölkerung und die Bewaffnung des Proletariats öffentlich anordnet, sieht sich die Regierung Hoffmann in Bamberg zu gewaltsamem Vorgehen veranlaßt. In der Nacht vom 13. auf den 14. April wird Erich Mühsam verhaftet. Die Vollversammlung der Arbeiter- und Soldatenräte setzt den Revolutionären Zentralrat ab, nutzt die Gunst der Stunde für einen internen Machtwechsel. Es wird ein neuer Vollzugsrat unter Vorsitz von Leviné gewählt, den auch Ernst Toller und Gustav Landauer anerkennen.

Ein großangelegter Generalstreik schneidet München vom 14. bis zum 23. Mai 1919 von der Außenwelt ab. Ernst Toller wird wegen seiner Verhandlungsbereitschaft mit Bamberg in den eigenen Reihen immer häufiger kritisiert und tritt schließlich als Abschnittskommandeur der Roten Armee zurück. Bis zuletzt um Einigung mit Bamberg bemüht, scheitern die Verhandlungen letztendlich. Die Räterepublik wird in den Tagen vom 30. April bis zum 2. Mai gewaltsam niedergeschlagen. Die Bilanz dieser "Befreiung" Münchens sind über 1000 Tote und über 5000 Verhaftungen wegen Beteiligung an der Räterepublik. Auch Gustav Landauer wird verhaftet und am 2. Mai ermordet, das Todesurteil gegen Eugen Leviné wird am 5. Juni vollstreckt und Ernst Toller steckbrieflich für 10.000 Mark Belohnung gesucht.

Der Prozeß gegen Ernst Toller

Ernst Toller wird am 1. Dezember 1893 in Samotschin, in der damals preußischen Provinz Posen gelegen, geboren. Seine Autobiographie "Eine Jugend in Deutschland" ist 1933 im Exil im Querido-Verlag Amsterdam erschienen. Sie ist ein sehr eindrucksvoller Augenzeugenbericht der Ereignisse in München und der Haftzeit.

Bei Ausbruch des 1. Weltkrieges im August 1914 ist Toller Student in Grenoble. Als einer der ersten meldet er sich freiwillig zum Militärdienst und wird bis Mai 1916 auf eigenen Wunsch vor Verdun eingesetzt. Wegen eines Herz- und Nervenleidens ist er ab Januar 1917 als kriegsuntauglich vom Dienst befreit. Im September 1917 ist Ernst Toller als Gast auf einer Tagung über "Sinn und Aufgaben unserer Zeit" auf Burg Lauenstein in Thüringen. Er macht dort die Bekanntschaft mit Max Weber und fühlt sich angezogen von dessen Ideen einer parlamentarischen, demokratischen Regierungsform. Das Schweigen danach erschüttert ihn. In einem Brief an Gerhart Hauptmann schreibt er: "Sie dürfen nicht länger schweigen, Ihr Werk verpflichtet Sie, wir jungen Menschen warten auf das Wort eines geistigen Führers, an den wir glauben [...]."[1] Gerhart Hauptmann antwortet nicht auf diesen Brief.

Im Wintersemester 1917/18 ist Ernst Toller in Heidelberg immatrikuliert. Dort ruft er per Flugblatt am 24.11.1917 zur Gründung eines "Kulturpolitischen Bundes der Jugend in Deutschland" auf. Zustimmung erfährt er z. B. von Walter Hasenclever und Heinrich Mann, aber unter den Reaktionen sind auch Drohbriefe und Landesverweise. Er selbst kann Heidelberg noch in letzter Minute verlassen. In Berlin lernt Toller Ende 1917 Kurt Eisner kennen und folgt ihm nach München. Als Kurt Eisner am 31.1.1918 verhaftet wird, entwirft Toller ein Protestflugblatt, sorgt für dessen Verbreitung in ganz München und organisiert Protestmärsche. Als Autor des Flugblattes wird er am 2.2.1918 ebenfalls verhaftet und vor ei-

---

1   Ernst Toller, Eine Jugend in Deutschland, S. 59.

nem Kriegsgericht wegen "versuchten Landesverrats" zu drei Monaten Militärarrest verurteilt. Die Arrestanstalt in der Leopoldstraße ist überfüllt, die meisten der Insassen sind Deserteure:

> [...] um Platz für neue Gefangene zu schaffen, stellt man die Soldaten vor die Wahl, sich für die Front oder fürs Zuchthaus zu entscheiden. Galt Frontdienst bisher als Ehrendienst, jetzt wird er dem Zuchthaus gleichgestellt.[2]

Mitte November wird der "Volksstaat Baiern" ausgerufen, neuer Ministerpräsident ist Kurt Eisner. Nach dem Attentat auf ihn gewinnt der Rätegedanke rasch die Massen. Toller lehnt alle Volkskommissariate ab und wird erst nach der Proklamation Niekischs Nachfolger als Zentralratsvorsitzender. Als Abschnittskommandeur entwaffnet er in Dachau ohne Blutvergießen regierungstreue Truppen. Toller bleibt immer in Verhandlungen mit Bamberg, sucht eine friedliche Lösung des Konflikts, bis er schließlich am 26. April zurücktritt. Er kann bei der Erstürmung Münchens noch Geiselerschießungen sowie eine Lynchjustiz am Mörder Kurt Eisners verhindern, dann taucht Toller ab und wird wegen Hochverrats steckbrieflich gesucht.

Der Haftbefehl, der gegen ihn am 12.5.1919 ausgestellt wird, lautet auf "Verbrechen des Landesverrats". Der Steckbrief ist auf denselben Tag datiert, bezieht sich auf exakt dieselben Paragraphen, doch hier wird nach Toller wegen "Hochverrats" gefahndet. Ganz offensichtlich gibt es hier Definitionsprobleme von seiten der Anwaltschaft, auf die Hugo Haase in seiner Verteidigungsrede vor Gericht ausführlich zu sprechen kommt. Ernst Toller wird am 4. Juni aufgrund einer Denunziation entdeckt, verhaftet und von Staatsanwalt Lieberich vernommen. Ein paar Tage zuvor wurde bei der Durchsuchung von Tollers Wohnung ein Kriminalbeamter aus nächster Nähe erschossen. Man habe ihn für den gesuchten Toller gehalten, so die Erklärung der Polizei. Die Verhaftung Tollers löst großen öffentlichen Protest aus, viele fürchten, daß auch ihm die Todesstrafe droht.

Der Prozeß vor einem Münchner Standgericht dauert vom 14. bis zum 16. Juli 1919, die Anklage beschuldigt ihn des Hochverrats wegen führender Teilnahme an beiden Phasen der Räterepublik. Den Vorsitz führt Landgerichtsdirektor Stadlmayer, die Anklage vertritt der Erste Staatsanwalt

---

2   Ebd., S. 70.

Hahn. Als Verteidiger sprechen für Ernst Toller Dr. Anton Gänßler, Adolf Kaufmann und Hugo Haase.

> Die Richter nennen, was ich getan, Hochverrat [...], sie verachten den gesunden Menschenverstand, der begreift, daß der Hochverratsparagraph dieses Gesetzbuches die Monarchie schützen sollte und die Monarchie längst entthront ist.[3]

Der Prozeß wird am 14. Juli in einem kleinen Saal im Landgericht eröffnet. Dort haben nur wenige Zuschauer Platz, und so ist wenig ziviles Publikum anwesend. Die erste Befragung Tollers und einiger Zeugen soll ein möglichst negatives Charakterbild des Angeklagten entwerfen. Toller schreibt dazu in seiner Autobiographie: "[...] für meinen Hochverrat scheinen sie sich nicht zu interessieren, ob ich intime Beziehungen zu einer bekannten Schauspielerin hatte, ist ihnen wichtig, ob ich geschlechtskrank gewesen sei [...], ich weiß nicht, in welchem Zusammenhang Erotik und Hochverrat stehen [...]."[4]

Ernst Toller handelte nicht aus einer ehrlosen Gesinnung heraus. Autoren wie Carl Hauptmann und Thomas Mann interpretieren dazu sein Drama "Die Wandlung". Die Beurteilung einer Gesinnung oder eines Gesinnungswandels durch Standgerichte erfolgt sehr wahllos und ohne jegliche Regeln wie im Glücksspiel. Das Strafmaß wird nur in solchen Fällen herabgemildert, in denen der Gefangene seine Gesinnung im Sinne der richterlichen Grundhaltung änderte. Toller nennt in seinem Buch "Justiz. Erlebnisse" (Berlin, 1979) verschiedene Fälle, die diese Praxis von Standgerichten eindeutig belegen.

Doch die Gutachter von Tollers Dichtung bescheinigen ihm ausnahmslos eine ehrenhafte Gesinnung. "Ich lasse zu, daß Thomas Mann, Björn Björnson, Max Halbe, Carl Hauptmann meine Dichtungen loben, ich schäme mich, dieses Lob soll ein milderes Urteil erwirken."[5] Über 40 Zeugen werden vernommen und - entgegen der Intention der Richter - entwerfen sie alle ein sehr positives Charakterbild des Angeklagten. Toller selbst beteuert: "Ich habe nie eine Hetzrede gehalten. Das ist kein Verdienst, das ist Erfordernis meiner Mentalität."[6]

---

3   Ebd., S. 132.
4   Ebd., S. 133.
5   Ebd., S. 134.
6   Ernst Toller, Prosa, Briefe, Dramen. Reinbek 1961, S. 484.

Die Staatsanwaltschaft plädiert für schuldig des Hochverrats, beantragt sieben Jahre Festungshaft. Tollers gesamtes Privatleben wurde mehr beleuchtet als die eigentliche "Verratshandlung". Ihm wird zudem vorgeworfen, er habe sich als Landfremder in bayerische Angelegenheiten gemischt. Die Verteidigung sieht den Hochverrat nicht als gegeben. Dies ist an der Verteidigungsrede von Hugo Haase, die dieser am 15.7.1919 vor dem Münchner Standgericht hält, sehr gut nachvollziehbar. Dieser Prozeß, so Haase, sei kein gewöhnlicher Kriminalprozeß, es bedürfe vielmehr einer peinlichen Prüfung, ob denn alle Anklagepunkte auf einem tatsächlich juristisch einwandfreien Fundament stünden. So kann nach seiner Auffassung von Recht der Hochverratsparagraph im neuen Gesetz keine Geltung mehr haben. Alle Volksbeauftragten haben im November 1918 den Belagerungszustand für beendet erklärt und die neue noch provisorische Verfassung anerkannt. Bayern habe da keine Ausnahme gemacht. "Mit dem Sturz der Throne brach auch die Strafbestimmung über den Hochverrat zusammen. Mit dem Herzog fiel auch der Mantel." Es ist für Hugo Haase untragbar, daß die Revolutionäre von gestern gegen die von heute mit Haft und Tod vorgehen wollen. Ferner sei Toller erst nach München gekommen, als die Proklamation schon beschlossene Sache war. Er habe dann lediglich die Aufgaben übernommen, die man an ihn herangetragen hat. Alle Beamte und Militärs haben nach dem 9.11.1918 ebenso gehandelt, als sie vor vollendeten Tatsachen standen. Und so fragt Hugo Haase: "Wird die Anklagebehörde die Behauptung aufstellen wollen, daß alle diese Männer Hochverräter waren?"

Den Vorwurf der Landfremdheit weist Haase zurück, als Toller noch im Soldatendienst stand, habe diese Landfremdheit niemanden gestört. Er betont noch einmal ausdrücklich Tollers Einsatz für das Leben der Geiseln in seiner Obhut. Ernst Toller sei in erster Linie ein Schriftsteller und kein Demagoge. Das Plädoyer Haases zeigt, daß der Hochverratsbegriff gegen Ernst Toller eine juristisch nicht haltbare Konstruktion ist, ohne die alle Räterepublikaner milder hätten abgeurteilt werden müssen. Es ist dies einer der letzten Auftritte von Hugo Haase als ein Anwalt des Rechts gegen die Willkür von Gerichten. Am 8.10.1919 feuert Johann Voß beim Betreten des Reichstages mehrere Schüsse auf ihn ab. Haase stirbt einen Monat später an den Folgen dieses Attentats.

Ernst Toller faßt sich bei seinem Schlußwort vor dem Standgericht kurz und macht keinen Hehl aus seiner ablehnenden Haltung zu dieser Form der Rechtsprechung:

> Meine Herren! Sie werden nicht von mir verlangen, daß ich nach meinen Anschauungen des Standrechts um Gnade bitten werde. Ich frage mich, warum setzt man Standgerichte ein? [...] Die Herren Richter müssen mir zugestehen, daß ich dieses Urteil nicht als ein Urteil des Rechts, sondern als ein Urteil der Macht hinnehmen muß.

Das Urteil wird am 16.7.1919 verlesen. Toller wird wegen Hochverrats zu fünf Jahren Festungshaft und zu den Gerichtskosten verurteilt. Bei dem Streit um die Rechtskräftigkeit berufen sich die Richter auf das Hoheitsrecht Bayerns. Die bayerische Regierung sehe den Belagerungszustand auch nach dem 12.11.1918 noch als gegeben. Es herrsche also noch Kriegszustand, und dies rechtfertige auch den Einsatz von Standgerichten. Das Gericht sieht es als erwiesen an, daß Toller bei der Bildung der Roten Armee beteiligt war. Schon daran zeige sich die Bereitschaft des Angeklagten, politische Ziele auch mit Gewalt durchzusetzen.

Von seiten der Verteidigung erfolgt kein Widerspruch gegen dieses Urteil, das noch unter den Umständen, unter denen es zustande kam, als erfreulich milde angesehen wird. Ernst Toller tritt seine Haft am 24.9.1919 an, von dem 3.2.1920 ab ist er in der Festung Niederschönenfeld inhaftiert. Die Haftbedingungen und die Disziplinarstrafen innerhalb der Mauern sind sehr hart. Toller und später auch Erich Mühsam beklagen immer wieder, daß linksgerichtete politische Straftäter wesentlich härteren Bedingungen ausgesetzt seien als rechtsgerichtete wie etwa Hitler oder der Eisner-Mörder, die noch alle Privilegien der unter der Monarchie noch vorgesehenen Ehrenhaft genießen. Am Ende seiner Haft wird Ernst Toller am 15.7.1924 aus Bayern ausgewiesen. Begründet wird dies von der Ausweisungsbehörde als "einstweilige Maßnahme zum Schutze und der Wiederherstellung der öffentlichen Sicherheit und Ordnung".

Der Prozeß gegen Erich Mühsam

Ab April gibt Erich Mühsam die Monatszeitschrift "KAIN" heraus, die im Untertitel "Zeitschrift für Menschlichkeit" heißt. In einer Auflage von 3000 Stück erscheint sie bis Juli 1914. Im Impressum heißt es: "Mitarbeit dankend verbeten", und so sind alle Beiträge der Ausgabe jeden Monat von Mühsam selbst verfaßt. Dem voran gehen viele publizistische und kabarettistische Tätigkeiten, er steht in dieser Zeit schon auf polizeilichen Fahndungslisten. So etwa 1906 in Berlin wegen "Aufreizung der Polizei", 1909 in München wegen Beleidigung und 1910 wegen "Geheimbündelei", wovon er aber freigesprochen wird.

Mühsam sieht in einem Generalstreik aller Arbeiter ein letztes Mittel zur Verhütung des drohenden Krieges, aber sein radikaler Antimilitarismus stößt auf wenig Verständnis, viele melden sich freiwillig als Soldaten an die Front. Erich Mühsams Suche nach einer humanitären Anstellung gestaltet sich als schwierig, da er auch nicht für den "Vaterländischen Hilfsdienst" herangezogen werden will. Im Herbst 1915 wird er als dienstunfähig ausgemustert. Vielen ist Mühsams Haltung zu wenig kompromißbereit, und so verlegt er in dieser Zeit sein politisches Arbeiten auf die Unterstützung von Inhaftierten durch Briefe, Demonstrationen und Petitionen. Im Januar 1918 wirbt er in Münchens Betrieben und Straßen für einen Munitionsarbeiterstreik. Dies bringt neben seiner Weigerung, für den "Vaterländischen Hilfsdienst" zu arbeiten, die Behörden gegen ihn auf. Im März 1918 wird über Erich Mühsam auf Grundlage des Kriegszustandsgesetzes ein generelles politisches Betätigungsverbot verfügt, was ihm öffentliches Auftreten und die Teilnahme an jeder Art von politischer Versammlung untersagt. Im "Interesse der öffentlichen Sicherheit" wird er am 27.4.1918 in seiner Wohnung verhaftet, ist von Mai bis Oktober in Traunstein interniert und damit politisch isoliert. Ende Oktober werden die gegen ihn verhängten Verbote aufgehoben. Erich Mühsam ist wieder in München und gibt dort von Oktober an bis zu seiner Verhaftung im April 1919 die Zeitschrift "KAIN" heraus.

Über Erich Mühsams Beteiligung an der Räterepublik liegen zwei von ihm selbst verfaßte Berichte vor. Das eine ist die Broschüre "Standrecht in Bayern" von 1923, das im wesentlichen seine Eingaben an den Reichsjustizminister enthält, das andere eine Chronologie der Ereignisse "Von Eisner bis Leviné" von 1929. Erich Mühsam ist anwesend, als am 4.4.1919 unter Vorsitz von Niekisch die letzten Beratungen über den Ablauf der Räterepublik stattfinden. Anwesend sind auch fast alle Mitglieder des Ministerrates, so auch Innenminister Segitz und Militärminister Schneppenhorst, als an diesem Abend Landauer und Mühsam letzte Instruktionen zur Abfassung des Proklamationstextes erhalten. Nicht einer der Anwesenden erhebt Widerspruch gegen den hier so ausführlich geplanten "Hochverrat"! Im Gegenteil sind sogar fünf von sieben anwesenden Ministern zur Mitarbeit an der Räterepublik bereit. Landwirtschaftsminister Steiner nimmt einen entsprechenden Posten im Bauernrat an, sieht also keinen Widerspruch darin, in beiden Regierungsgremien vertreten zu sein. Hoffmann schweigt während der Sitzung und weigert sich erst nach der Proklamation, diese Räteregierung anzuerkennen.

In der Nacht zum 14. April 1919 wird Erich Mühsam von der Republikanischen Schutztruppe verhaftet, die zweite Phase der Räterepublik wird gewaltlos eingeleitet. Mühsam ist als Inhaftierter von nun an nur noch Zuschauer der Ereignisse von der Festung Ebrach aus. Die Signale zur Gewaltanwendung gehen zuerst von der Regierung Hoffmann aus. Die Richter und die Ankläger sind vom 2.5.1919 an dieselben Herren Minister, die vier Wochen zuvor sehr eifrig mitdiskutiert haben. Sie stellen nun ihre einstigen Verbündeten vor Standgerichte - oder an die Wand! Justizminister Müller-Meiningen ist kein Freund von Begnadigungen. Neben dem Todesurteil gegen Eugen Leviné hat er acht weitere Hinrichtungen von Angehörigen der Roten Armee angeordnet. Der Prozeß vor dem Münchner Standgericht gegen Erich Mühsam dauert vom 7. bis zum 12. Juli 1919, trotz seiner Beschwerden wird er wegen Hochverrats angeklagt und erfährt die Willkür dieser Justiz am eigenen Leibe. Er sei, so heißt es in der Anklageschrift, die treibende Kraft während der ersten Phase der Räterepublik gewesen. Auch hier wird die Berechtigung eines Standgerichts damit begründet, daß der Kriegszustand vom 30.7.1914 noch andauere. Erich Mühsam bittet seine Richter nicht um Gnade, er erkennt dieses Gericht nicht als rechtmäßig an, er verlangt den Freispruch, da er nach seiner Rechtsauffassung der einzig mögliche Urteilsspruch ist.

Doch die Herren Standrichter sehen es anders, Erich Mühsam wird wegen Hochverrats zur Höchststrafe von 15 Jahren Festungshaft verurteilt. Weiterhin werden ihm für die Dauer von zehn Jahren "die aus öffentlichen Wahlen hervorgegangenen Rechte" aberkannt. Die Richter begründen ihre Entscheidung damit, daß Mühsam eine führende Rolle bei der Proklamation der Räterepublik gespielt habe, so seien von ihm die Funksprüche nach Moskau und Budapest übermittelt worden. Erich Mühsam habe "mit einem an psychopathischen Zustand grenzenden Fanatismus"[7] seine Ideen

---

7 Vgl. Ernst Toller, Justiz. Erlebnisse. Berlin 1979, S. 46.

verfochten. Zwar müsse man dem Angeklagten eine ehrenhafte Gesinnung bescheinigen, aber er übe einen höchst verderblichen Einfluß auf die Massen aus. Eine so seicht begründete Verurteilung zur Höchststrafe läßt den Schluß zu, daß es hier um viel mehr geht als um einen Prozeß gegen einen Räterepublikaner. Vielmehr ist die Gelegenheit gekommen, den Mann, den man seit Jahren im Visier hat, endlich dingfest zu machen. Doch Erich Mühsam bleibt auch in Haft ein Unbequemer, er will mit seinen Eingaben an den Reichstag die Öffentlichkeit über die Rechtsbrüche Müller-Meiningens informieren. Dieser läßt alarmiert die gesamte Korrespondenz Mühsams mit Anwälten und Gefangenen anderer Haftanstalten in Bayern beschlagnahmen. In seiner Broschüre "Standrecht in Bayern" von 1923 fordert Erich Mühsam eine Überprüfung der Urteile und wirft die Frage auf, inwieweit die bayerische Regierung überhaupt kompetent sei. Bayern ist 1923 das einzige Land, das sich bei allen Reichsamnestien für politische Gefangene ausgeschlossen hat. Mit der Verhängung des Standrechts am 25.4.1919 hat sich Bayern selbst einen rechtlichen Sonderstatus geschaffen. Erich Mühsam weist wiederholt hin auf die Willkür in der Aburteilung von linken und rechten Straftätern. Von Kurt Tucholsky erscheint 1921 ein Aufsatz unter dem Titel "Das Buch von der deutschen Schande", worin er die Bedeutung des Buches "Zwei Jahre Mord" von E. J. Gumbel hervorhebt und pointiert. Dort heißt es zu dieser richterlichen Willkür:

> Wie da - in den Jahren 1913 bis 1921 - politische Morde von deutschen Richtern beurteilt worden sind, das hat mit Justiz überhaupt nichts zu tun. Das ist gar keine.
> Verschwendet ist jede differenzierte Kritik an einer Rechtsprechung, die folgendes ausgesprochen hat:
> Für 314 Morde von rechts 31 Jahre, 3 Monate Freiheitsstrafe sowie eine lebenslängliche Festungshaft.
> Für 13 Morde von links 8 Todesurteile, 176 Jahre, 10 Monate Freiheitsstrafe. Das ist alles Mögliche. Justiz ist das nicht.[8]

Erich Mühsam ist ab Oktober 1920 in Niederschönenfeld. Den Sinn seiner beharrlichen Gegenwehr faßt er in dem Satz zusammen: "Das Gedächtnis an die Vergangenheit darf nicht einschlafen, sonst schläft die Hoffnung auf die Zukunft mit ein." (Chronik in Eingaben) Am 20. Dezember 1924 tritt die sogenannte "Hitler- oder Weihnachtsamnestie" in

---

8   Kurt Tucholsky, Politische Justiz. Reinbek 1990, S. 89.

Kraft, an der diesmal auch die bayerischen politischen Häftlinge beteiligt werden. Im Rahmen dessen wird Erich Mühsams Strafe auf acht Jahre auf Bewährung herabgesetzt. Er reist nach seiner Entlassung nach Berlin und wird dort von ein paar wenigen Freunden am Bahnhof empfangen. Das Polizeiaufgebot zu seiner Ankunft ist um ein Vielfaches größer als das der Zivilisten. Zur gleichen Stunde stellt sich der ebenfalls unter das Amnestiegesetz gefallene Adolf Hitler vor der Festung Landsberg der Presse und läßt sich von Fotografen feiern, gibt Interviews. Nicht ein einziger Beamter steht hier bereit, um politischen Aufruhr zu verhindern. Völlig unbehelligt kann Hitler seine tatsächlich hochverräterischen Ideen verbreiten, niemand schreitet ein, wenn Uniformierte mit Hitlergruß durch die Straßen marschieren. Die Prozeßserie gegen politisch Aktive reißt nicht ab, es gibt Ende 1924 über 6000 politische Gefangene in Deutschland, über 30.000 Angeklagte warten auf einen Prozeß mit zweifelhaften Rechtsgrundsätzen.

Kurt Tucholsky

HABEN SIE SCHON MAL ...?

Für Ernst Toller

Haben Sie schon mal, Herr Landgerichtsdirektor,
als Gefangener eine Nacht durchwacht?
Haben Sie schon mal vom Herrn Inspektor
einen Tritt bekommen, daß es kracht?
  Standen Sie schon mal total verschüchtert,
    vor dem Tisch, wo einer untersuchungsrichtert?
    Ihnen ist das bis zum Ruhestand
    dienstlich nicht bekannt.

Haben Sie schon mal acht heiße Stunden
ein Verhör bestanden, daß Sie nicht verstehn?
Haben Sie schon mal die Nachtsekunden
an der Zellenwand vorüberlaufen sehn?
  Oben dämmert ein Quadrat mit Gittern;
    unten liegt ein Tier und darf nur zittern.
    Diese kleinen Züge sind in Ihrem Stand
    dienstlich nicht bekannt.

Aber Kommunistenjungen jagen,
wegen Hochverrat ins Loch gesperrt;
vor Gericht die Spitzel mild befragen,
Saal geräumt, wenn eine Mutter plärrt;

Fememörder sanft verschoben,
mit dem leisen Schleierblick nach oben,
Existenzen glatt vernichtet,
die von Waffenplätzen was berichtet ...
    Unglück rings verbreitet, Not und Qual -:
    Ja, das haben Sie schon mal -![9]

Justitia geht schwofen - zur Justizkrise der Republik

"Die deutsche Strafjustiz in politischen Prozessen verdient das Vertrauen, das sie genießt", schreibt Tucholsky 1926. Viele Richter sind nach der Revolution von 1918 in die Staatsdienste der Republik übernommen worden. Die meisten von ihnen haben Probleme, von der vorherigen Klassengesellschaft zu einer Gleichheit aller Bürger vor dem Gesetz umzudenken. Der deutsche Richterbund hat wesentlich mehr Einfluß als etwa der Republikanische Richterbund oder die Vereinigung sozialdemokratischer Juristen. Der deutsche Richterbund deckt die harten Urteile seiner Richter gegen politische Straftäter und die Milde gegen national Gesinnte. Zwischen den einzelnen Richterverbänden gibt es keinen Dialog, der Richterstand braucht dringend eine Reform.

Zu ihrer Dezembertagung 1926 lädt die Deutsche Liga für Menschenrechte deshalb auch Juristen ein. Die Debatte ist recht fruchtbar, im Mai 1927 erscheint aus dieser Arbeit die Broschüre "8 Jahre politische Justiz". Derselbe Text erscheint zudem als Buch unter dem Titel "Das Zuchthaus - die politische Waffe". Die darin vorgebrachten Änderungsvorschläge liegen dem Deutschen Reichstag ab dem 11.6.1927 vor. Damit ist nun öffentlich, daß Unrechtsurteile gegen politische Straftäter kein Einzelfall sind, sondern vielmehr ein breit angelegtes Muster. Ein Großteil dieser nach dem 1. Weltkrieg geführten Prozesse sind Landesverratsprozesse gegen Schriftsteller und Journalisten. Noch in der Vorkriegszeit war Landesverrat ein eher seltenes Verbrechen. So gab es in 32 Jahren Kaiserreich nur 159 Verurteilungen wegen dieses Delikts. Dem stehen allein im Zeitraum von 1919 bis 1925 1.600 Verurteilungen gegenüber. Auf der Fahndungsliste stehen in erster Linie solche, die über die Machenschaften der Schwarzen Reichswehr oder anderer Geheimbünde berichtet haben. Der Begriff "Landesverrat, begangen durch die Presse" ist eine sehr junge Schöpfung der deutschen Rechtsprechung, um geheime Rüstungsprojekte

---

9   Kurt Tucholsky, Politische Justiz. Reinbek 1990, S. 108.

der Reichswehr zu schützen. Verfasser von Artikeln, in denen diese Projekte aufgedeckt werden, werden als Landesverräter verfolgt.

In der Zeitschrift "Die Justiz" erscheint im Oktober 1926 ein Aufsatz von E. J. Gumbel zu dieser Form des Landesverrats. Er will den Zusammenhang zwischen Landesverrat und Verbrechen gegen das Spionagegesetz aufzeigen, bei denen in der Presse über Projekte der Schwarzen Reichswehr berichtet wurde. Gumbel weist ausdrücklich darauf hin, daß die echten Fälle von Spionage und Landesverrat für seinen Artikel nicht von Belang seien.

Für die Anklage auf "Landesverrat" ist es nach § 92 StGB Abs. 1 - 3 erforderlich, daß die betreffende Nachricht einer fremden Regierung unbekannt und daß ihre Geheimhaltung für das Wohl des Reiches erforderlich war. Das Reichsgesetz gegen den Verrat militärischer Geheimnisse (Spionagegesetz) vom 3.6.1914 sieht Zuchthausstrafen zwischen einem Jahr und lebenslänglich vor für Personen, die vorsätzlich Schriften oder Zeichnungen in Besitz oder zur Kenntnis eines anderen gelangen lassen und dadurch die Sicherheit des Landes gefährden. Der sächsische Ministerpräsident Zeigner greift als erster die Schwarze Reichswehr in der Öffentlichkeit an. Am 18. Oktober 1923 fordert er in einer Rede vor dem Sächsischen Landtag die Reichsregierung zu Gegenmaßnahmen auf. Das gegen ihn eingeleitete Verfahren wegen Landesverrats wird erst 1926 eingestellt. In vielen Landesverratsprozessen spielen Reichswehrgutachten eine wichtige Rolle. Sie sollen den Geheimhaltungswert der veröffentlichten Nachrichten klären. Im Fall Zeigner erstellt es Oberst Gempp, der Unterchef der Heeresstatistischen Abteilung im Reichswehrministerium. Dieses Gempp-Gutachten wird am 22.5.1924 im Sächsischen Landtag verlesen und erregt deshalb so großes Aufsehen, weil hier zum ersten Mal die Existenz militärischer Geheimorganisationen zugegeben wird. Journalisten aber, die wiederum über diese öffentliche Lesung in der Presse berichten, landen wegen Landesverrats vor Gericht. Die Person des Gutachters Oberst Gempp verdient mißtrauische Aufmerksamkeit. Denn Oberst Gempp gilt selbst als einer der Hauptorganisatoren der Schwarzen Reichswehr und richtet somit in seiner eigenen Angelegenheit.

Einige Merkwürdigkeiten ziehen sich wie ein roter Faden durch alle Landesverratsprozesse gegen die Presse. Egal, ob die Nachricht wahr oder falsch ist, ob sie einer fremden Regierung bekannt oder unbekannt war, wird gegen jedes linke Blatt ein Verfahren eingeleitet, selbst dann, wenn die Nachricht aus einem rechten Blatt aufgegriffen worden ist. Alle Verfahren werden erst kurz vor Ablauf der bei Pressedelikten nur halbjährlichen Verjährungsfrist eingeleitet und sind von unverhältnismäßig langer Durchführungsdauer. Die Abschreckung steht mehr im Vordergrund als eine schnelle Abwicklung. Nur so ist zu erklären, daß auch solche Verfahren eingeleitet werden, die von vornherein aussichtslos im Sinne einer Verurteilung sind. Das wichtigste Merkmal dieser Prozesse aber ist, daß unter Ausschluß der Öffentlichkeit verhandelt wird. Auch bei der Urteilsverkündung ist keine Presse und kein Zuschauer zugelassen. Ferner wird allen am Prozeß Beteiligten ein Schweigegebot über die Prozeßinhalte auferlegt, keine Interviews und keine Reportagen können die Öffentlichkeit über das informieren, was unter dem Zeichen von Justiz in Gerichtssälen passiert. Diese Handhabung beruht auf einem Gesetz von 1888, das eigens für diese Verfahren vom Staub befreit wurde.

Ein neuer Gesetzentwurf wird diskutiert, der auch die Mitteilung an andere Personen als "fahrlässige Mitteilung von Staatsgeheimnissen" unter Strafe stellt. Damit werden Verurteilungen in bisher aussichtslosen Verfahren möglicher. Gumbels Aufsatz endet mit dem Hinweis, daß eine solche Rechtsprechung mehr Schaden für die Republik anrichtet, als das ein paar Landesverräter bewerkstelligen könnten. Politischer Journalismus wird damit sehr gefährlich für die, die ihn betreiben, wenn nicht gar unmöglich.

In den folgenden Jahren müssen sich Kurt Tucholsky und Carl von Ossietzky immer wieder vor Gericht für ihre Artikel verantworten, und auch Landesverrat führt man gegen sie ins Feld. Als "Weltbühnen"-Prozeß ist das Verfahren gegen Ossietzky in die Justizgeschichte eingegangen, das ihn für 18 Monate ins Gefängnis schickte. Am 12.3.1929 erscheint in der "Weltbühne" Nr. 11 ein Artikel von Walter Kreiser unter dem Pseudonym Heinz Jäger mit dem Titel "Windiges aus der deutschen Luftfahrt". Darin kritisiert Kreiser Fehlplanungen im Haushalt der Luftfahrt und schreibt über den Aufbau einer geheimen Luftstreitmacht, der so geheim aber schon gar nicht mehr ist, wurde die Haushaltsdebatte ja öffentlich geführt. Das Verfahren wird nach einigen Verzögerungen erst am 17.11.1931 unter Ausschluß der Öffentlichkeit eröffnet und endet am 23.11. mit der Verurteilung wegen Spionage und Landesverrats zu 18 Monaten Haft. Ossietzky schreibt dazu am Tag seines Haftantritts in der "Weltbühne" vom 10.5.1932: "Politische Justiz hat überall den Zweck, mißliebige Köpfe entweder rollen zu lassen oder für bestimmte Zeit auszuschalten."

Der "Soldaten sind Mörder"-Prozeß gegen Kurt Tucholsky von 1932 zieht seine Kreise bis in unsere Zeit. Wenn auf Autoaufklebern nicht mehr alles stehen darf, wenn ganz ernsthaft im Bundestag 1996 eine "Lex Bundeswehr" debattiert wird, wird es Zeit, mit dem Wort und auch durch Taten Zeichen in die andere Richtung zu setzen. Kurt Tucholsky wurde 1932 freigesprochen!

In der Nacht zum 28.2.1933 erfaßt eine Verhaftungswelle in Deutschland all das, was im entferntesten mit Freiheit des Wortes verbunden werden kann. Grausam und mehr als teuflisch ist das, was für 1.000 Jahre angestrebt dann zwölf Jahre in Deutschland wütet. Erich Mühsam wird am 10.7.1934 im Konzentrationslager Oranienburg ermordet, Kurt Tucholsky begeht am 21.12.1935 in Schweden Selbstmord. Carl von Ossietzky stirbt am 4.5.1938 an den Folgen der Mißhandlungen in Haft, und auch Ernst Toller wählt am 22.5.1939 den Freitod.

Die Geschichte der Verfolgung von politisch Andersdenkenden zieht sich aber bis heute hin. Alle Hände voll zu tun hat das Komitee "Writers in prison" des PEN. Immer noch werden Schriftsteller und Journalisten inhaftiert oder ermordet, weil von ihren Worten eine Macht und eine Gefahr ausgeht, die korrupte Regierungen so glauben eindämmen zu können. Als Beispiel sei nur die Erhängung des nigerianischen Schriftstellers Ken Saro Wiwa am 10.11.1995 genannt. Aber viele der Eingesperrten tragen keine so berühmten Namen, schweben in der Gefahr, von der Öffentlichkeit vergessen zu werden. Und sie, all diese "Namenlosen", sie brauchen unsere Stimme!

Das Bemühen um die Wiederaufnahme des "Weltbühnen"-Prozesses

"Unser fernes, zunächst nur vage durch Zukunftsnebel schimmerndes Ziel hieß: Wiederaufnahme!", schreibt Ossietzky in seinem Artikel "Rechenschaft".[10] Dieses Ziel "Wiederaufnahme" hat Ossietzkys Tochter, Rosalinde von Ossietzky-Palm, heute wieder angestrengt, am 3.12.1992

---

10   In: Die Weltbühne Nr. 19 v. 10.5.1932.

hat der Bundesgerichtshof diesen Antrag zurückgewiesen und eine Wiederaufnahme abgelehnt. "Ich möchte ihn auch als Mensch rehabilitieren", sagt Rosalinde von Ossietzky-Palm in einem Interview.[11] Sie ist, unterstützt von befreundeten Juristen, vor das Berliner Kammergericht gegangen, um das Urteil vom November 1931 zu revidieren. Für ein solches Verfahren sind neue Tatsachen und Beweismittel nötig. Diese gibt es nach Ansicht des Rechtsanwaltes Heinrich Hannover ausreichend.[12] Ossietzkys Tochter hat der deutschen Justiz die Chance gegeben, ein Urteil zu korrigieren. Und es geht in diesen Prozessen von 1931 und 1992 um mehr als um "Landesverrat", es geht um die Frage, wie weit die Presse in einem Staat gehen darf, was sie überhaupt sagen darf. Vor Kriegsvorbereitungen im Sinne einer Friedenserhaltung oder -schaffung zu warnen, wird heute als eine der Pflichten von Presse, Funk und Fernsehen angesehen, Nachrichten wären sonst überflüssig.

Was sind das für Tatsachen, die hinter dem Artikel "Windiges aus der deutschen Luftfahrt" stecken? Als Zeugen hierfür werden für die Gutachten der Verteidigung im Wiederaufnahmeverfahren die Sachverständigen Prof. Dr. Messerschmidt und Prof. Dr. Gessenharter herangezogen. Danach ergeben sich neue Tatsachen, die die Behauptungen von Kreiser zum Teil berichtigen, zum Teil bestärken.

So war z. B. die Namensänderung von Abteilung "Albatros" in "M" 1929 schon hinlänglich durch offizielle Flugzeuglisten bekannt, Kreiser hat hier nichts "enthüllt". Ab 1924 wurden schon keine Gelder mehr in den Flugplatz Johannisthal-Adlershof investiert, er war 1929 so gut wie stillgelegt, hat also keine so großen Geheimnisse mehr zu verbergen gehabt. Kreisers Andeutungen auf die Verbindungen der Severa zur Reichswehr haben sich im nachhinein voll bestätigt. Unter Hitler wurde der Johannisthaler Flugplatz ab 1933 wieder in Hochbetrieb genommen. Schon 1927/28 gab es von der Reichswehr sehr detaillierte Rüstungspläne bis ins Jahr 1938, an die Hitler nach der Machtübernahme mühelos anknüpfen konnte. Das

---

11 Geführt von Elke Suhr für die Filmproduktion "Windiges aus der deutschen Luftfahrt". Carl von Ossietzky - ein deutscher Prozeß. WDR 1993.

12 Vgl. Heinrich Hannover: "Zum Beschluß des BGH in Sachen Ossietzky", in: Demokratie und Recht 1/93, S. 3.

Reichswehroffizierskorps hat schon vor 1933 eng mit den Nationalsozialisten zusammengearbeitet.[13]

Die Richter vom Vierten Strafsenat haben alles getan, um diese Zusammenhänge 1931 zu verschleiern. Die Weltöffentlichkeit hat Carl von Ossietzky mit der Verleihung des Friedensnobelpreises rehabilitiert, er hat eine Rehabilitation nicht mehr nötig. Aber wie steht es mit der deutschen Justiz? "Die Richter des Dritten Strafsenats des BGH haben sich durch ihren Beschluß hinter eines der schlimmsten Unrechtsurteile der politischen Justiz der Weimarer Republik gestellt."[14] Fehlurteile, die durch Rechtsfehler entstanden sind, konnten bisher nicht korrigiert werden. Auch bei neuen Erkenntnissen aus denselben Tatsachen ist eine Wiederaufnahme nicht gerechtfertigt. Daß es sich hier aber auch um neue Tatsachen und Korrekturen der von Kreiser vorgestellten Fakten handelt, will offenbar keiner so recht sehen. Der damalige Generalbundesanwalt Alexander von Stahl hat den Antrag von Rosalinde von Ossietzky-Palm zur Ablehnung empfohlen.

Die deutsche Justiz der 90er Jahre hat damit die Chance vertan, sich ganz eindeutig von der Rechtsprechung von 1931 abzugrenzen. Carl von Ossietzky bleibt ein "Landesverräter". "Ein Zeichen zu setzen, wäre doch gerade heute so wichtig", sagt Rosalinde von Ossietzky-Palm im genannten Interview mit Blick auf den heute wieder zunehmenden Rechtsradikalismus. Daß dieses Zeichen von der deutschen Justiz nicht gesetzt worden ist, ist auch ein Zeichen.

---

13 Die Aussagen der beiden Zeugen sind dem Film von Elke Suhr entnommen: "Windiges aus der deutschen Luftfahrt". Carl von Ossietzky - ein deutscher Prozeß.
14 H. Hannover, S. 2.

Literaturhinweise

Berkholz, Stefan (Hrsg.), Carl von Ossietzky. 227 Tage im Gefängnis. Briefe, Dokumente, Texte. Darmstadt: Luchterhand 1988.

Bullivant, Keith (Hrsg.), Das literarische Leben in der Weimarer Republik. Königstein/Ts. 1978.

Daiber, Hans, Vor Deutschland wird gewarnt. Gütersloh 1967.

Frühwald, Wolfgang und Spalek, John M., Der Fall Toller. Kommentar und Materialien. München: Hanser 1979.

Grossmann, Stephan, Der Hochverräter Ernst Toller. Die Geschichte eines Prozesses. Berlin 1919.

Gumbel, E. J., "Landesverrat begangen durch die Presse". In: Die Justiz. Berlin 1926/27, Bd. 2, S. 77 ff.

Hannover, Elisabeth und Heinrich, Politische Justiz 1918 - 1933. Frankfurt 1966.

Hirte, Chris, Erich Mühsam. "Ihr seht mich nicht feige." Berlin (Ost): Volk und Welt 1985.

Hirte, Chris, Wege zu Erich Mühsam. Lübeck 1989 (= Schriften der Erich-Mühsam-Gesellschaft. Heft 1).

Lixl, Andreas, Ernst Toller und die Weimarer Republik. Heidelberg 1986.

Mühsam, Erich, Das Standrecht in Bayern. Berlin 1923.

Mühsam, Erich, Trotz allem Mensch sein. Stuttgart: Reclam 1984.

Mühsam, Erich, Zur Psychologie der Erbtante. Satirisches Lesebuch. 1900 - 1933. Berlin (Ost): Eulenspiegel 1984.

Mühsam, Kreszentia, Der Leidensweg Erich Mühsams. Paris/Zürich 1935.

Toller, Ernst, Briefe aus dem Gefängnis. Amsterdam 1935.

Toller, Ernst, Eine Jugend in Deutschland. Hamburg 1993.

Toller, Ernst, Justiz. Erlebnisse. Berlin 1979.

Tucholsky, Kurt, Politische Justiz. Hamburg 1990.

Viesel, Hansjörg, Literaten an der Wand. Frankfurt 1980.

Die Weltbühne. Nachdruck der Jahrgänge bis 1933. Königstein/Ts. 1978.

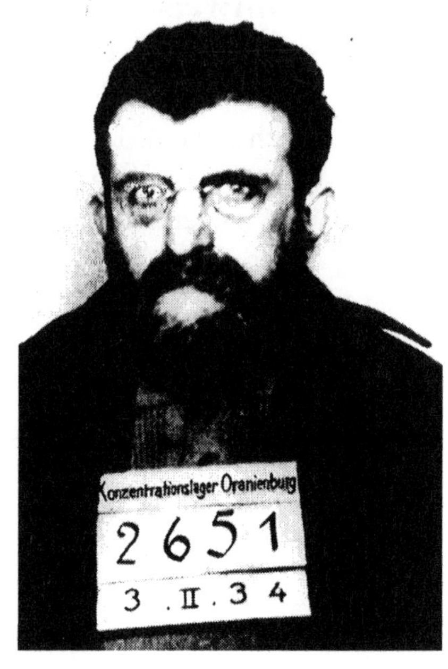

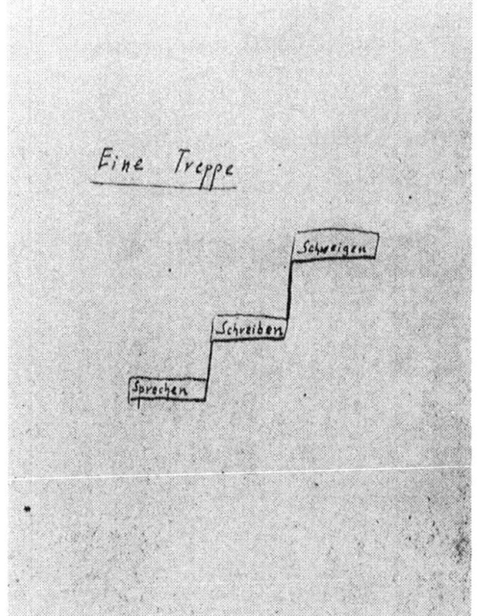

Carl von Ossietzky im KZ Esterwegen, Erich Mühsam im KZ Oranienburg, Kurt Tucholskys Skizze "Eine Treppe" (aus seinem "Sudelbuch")

Chris Hirte

Revolutionär oder Radikaldemokrat?

Erich Mühsams Stellung zur "Weltbühne"

> Wir stehen vor einem Deutschland voll unerhörter Korruption, voll Schiebern und Schleichern, voll dreimalhunderttausend Teufeln, von denen jeder das Recht für sich in Anspruch nimmt, für seine schwarze Person von der Revolution unangetastet zu bleiben. Wir meinen aber ihn und grade ihn und nur ihn. [...] Wir kämpfen allerdings mit Haß. Aber wir kämpfen aus Liebe für die Unterdrückten, die nicht immer notwendigerweise Proletarier sein müssen, und wir lieben in den Menschen den Gedanken an die Menschheit.

Als Tucholsky das schrieb, war er dem zwölf Jahre älteren Erich Mühsam, der gerade eben in München in diese Kämpfe verwickelt war, innerlich scheinbar sehr nahe. Dieselben Worte hätten auch von Mühsam stammen können.

"Wir Negativen", so hieß der Aufsatz in der "Weltbühne", den Tucholsky im März 1919 veröffentlichte, als die Novemberrevolution schon im Scheitern, aber noch nicht gänzlich niedergeschlagen war. Der Aufsatz, eigentlich ein Feuilleton, dünnhäutig und aufgeschreckt, stellte sich der Frage, warum die soeben gegründete Republik mit ihren Bewohnern nicht so genommen werden konnte, wie sie war, sondern kritisiert, negiert, demontiert werden mußte.

Die Deutschen, so befand Tucholsky im Einklang mit anderen Weltbühne-Autoren, waren unfähig zu einem demokratischen Neubeginn, weil sie aus ihrer Niederlage im selbstverschuldeten Krieg nichts gelernt hatten. Der tretende Untertan, der mordende Ordnungsfanatiker, das waren Haßfiguren, die Tucholsky im Weltkrieg studiert hatte und die wieder über eine kaum zur Entfaltung gelangte Revolution triumphierten.

Tucholskys Bekenntnis zur Revolution, damals noch ungebrochen, sein Ruf nach den Geistigen, die dem Staat Verstand und Menschlichkeit einhauchen sollten, damals noch naiv, durch revolutionäre Hoffnungen befeuert, wurde später vorsichtiger formuliert, resignativ zurückgenommen, aber das ganz und gar ernste Bekenntnis blieb das Rückgrat eines radikaldemokratischen Konzepts, das die "Weltbühne" durch die Weimarer Republik führte und zum Orientierungspunkt für linke Intellektuelle machte.

Radikaldemokratisch, das hieß, das strenge, philosophisch fundierte Ethos der europäischen Aufklärung, der bürgerlichen Revolution also, in der politisch-kulturellen Wirklichkeit geltend zu machen, den Idealismus zum Maßstab des Handelns zu erheben und den Intellektuellen Mitspracherecht einzuräumen. Erst der Verrat des deutschen Bürgertums am Ethos der bürgerlichen Revolution machte Tucholsky zum Radikalkritiker der Bourgeoisie und zum Sympathisanten der linken Revolutionäre.

Im folgenden soll ein wenig erhellt werden, was Mühsam mit den linksbürgerlichen Publizisten wie Kurt Tucholsky und Carl von Ossietzky außer der Herkunft aus dem bürgerlichen Mittelstand gemeinsam hatte und wo sein anarchistisches Naturell sich von dem Konsens mit der "Weltbühne" verabschiedete und sogar in Gegensatz zu ihr trat.

Auf dem Höhe- und Wendepunkt seiner Laufbahn, bei der Ausrufung der Münchener Räterepublik am 6. April 1919, feierte Erich Mühsam seinen 41. Geburtstag. Seine ersten zwanzig Lebensjahre waren bestimmt von preußischer Erziehung durch Elternhaus und Schule, einer Erziehung, die ihn zum Anarchisten machte, ehe er – nach eigenem Bekennen – überhaupt wußte, was das Wort bedeutete. Sein drittes und viertes Lebensjahrzent ab 1900 verbrachte er als anarchistischer Schriftsteller, Dichter, Agitator und Bohemien in einem Kaiserreich, das scheinbar so fest gefügt war, daß er sein Anliegen weitgehend unangefochten vertreten und ausleben konnte.

Mühsam empfand, dachte und wirkte als Künstler, und im Künstler, zumal im brotlosen, erkannte er den Antipoden des Bürgers, des wilhelminischen Spießers. Er sah sich vereint mit den anderen sozial Ausgegrenzten der Gesellschaft, mit den sogenannten Lumpenproletariern, die auf die bürgerliche Moral pfiffen und auch von der sozialdemokratischen Partei nicht zur staatlichen Räson gebracht werden konnten. Von dieser Schicht erwartete er die Revolte gegen das herrschende Unrecht, und er fühlte sich berufen, dieser Schicht im Sinne Bakunins den Geist der Anarchie einzuhauchen und sie zum weltverändernden Aufruhr zu führen.

Dahinter steckte kein Spleen, sondern eine Konsequenz aus der deutschen Entwicklung des Anarchismus. Anders als in den romanischen Ländern war es dem Anarchismus in Deutschland nie gelungen, aus kleinen Zirkeln heraus zur Massenbewegung anzuwachsen. Bismarcks Sozialistengesetz von 1878 hatte bewirkt, daß die Sozialdemokratie sich nicht etwa in Luft auflöste, sondern in ihre heroische Phase eintrat und gestärkt aus ihr hervorging. Bis 1916 blieb sie die politische Heimstatt des Proletariats.

Mühsam lehnte die Sozialdemokratie vehement ab, weil sie das radikale, revolutionäre Potential der Arbeiterbewegung absorbierte und zunehmend neutralisierte – eine staatstragende Partei, die die Ausgebeuteten zum Stimmvieh mache, statt zur Revolution zu treiben, so Mühsams Hauptvorwurf.

Seine geistige Unabhängigkeit und sein polemischer Esprit, geschult schon im Kampf des Schulkindes mit den diversen Erziehungs- und Staatsgewalten, hoben ihn markant von anderen Anarchisten ab und stellten ihn neben Landauer – als originären, visionären, künstlerisch strukturierten Einzelkämpfer, der sich nirgends zuordnen ließ und auch heute nur in seiner Sonderrolle angemessen zu beschreiben ist.

Mühsam hat das repressive Klima des militaristischen Kaiserreichs schon als Kind zu spüren bekommen, er hat sich spontan gewehrt, seine Mechanismen der Abschirmung und der Gegenwehr entwickelt und trat schon als junger Mann fertig gerüstet in die Berliner Boheme ein. Seine künstlerischen Offenbarungen hatte er im Naturalismus, Impressionismus und der Tendenzliteratur der neunziger Jahre erfahren, seine geistige Statur war von Anfang an selbstbewußt aufs Kämpfen gerichtet. Der Feind, den es zu besiegen galt, war der Staat mit allen seinen die Gesellschaft durchdringenden und vergiftenden hierarchischen Gliederungen. Mühsam, eine Institution für sich, fühlte sich durch jeden Machtanspruch dazu herausgefordert, provokant seinen eigenen Entwurf einer mitmenschlichen Gesellschaft dagegenzusetzen.

Mit seiner Monatszeitschrift "Kain" ab 1911 wird Mühsam als sowohl politisch wie ästhetisch fundierte, in jedem Fall aber radikal kritische Institution nicht mehr nur in Anarchokreisen zur Kenntnis genommen. Die Anarchie, für die er wirbt und die er selbst vitalistisch vorlebt, ist in ihrem Kern ein gegenkulturelles Konzept, ein Versuch, die erstarrte Welt der Machthierarchien von unten her zum Tanzen zu bringen. Die Entwicklung freiheitlicher, künstlerischer, sinnlich entfalteter Lebensformen war Mühsams Ziel, das er selbst vorzuleben versuchte.

Mühsams Wirken bis zur Revolution politisierte sich durch die Zeitereignisse bedingt zunehmend, er schürte Aufstand und Streik gegen den Krieg, wurde im April 1918 nach Traunstein verbannt, drängte links an Eisner vorbei zur Revolution nach russischem Vorbild, aber das alles stand zumindest teilweise noch immer im Zeichen der clownesken Herausforderung des Staates. Das Provozieren, das stets ein anarchistisches Kampfmittel war, stellte er nicht ein, aber mindestens genauso wichtig wurde die zielgerichtete politische Arbeit.

Sein geistiges Profil konsolidierte Mühsam im München der Vorkriegsjahre, während Tucholsky sich als talentierter, aber noch unfertiger Publizist die ersten Sporen verdiente. Dieser Vorsprung war insofern verhängnisvoll für Mühsam, weil er in die Weltwende von 1918 als kaum noch belehrbarer, aber hochaktiver Neuschöpfer hineingeriet.

Auch Mühsam war überrascht, als die ersehnte Revolution tatsächlich ausbrach. Die expressionistische Heraufbeschwörung der Weltwende hatte plötzlich, mit dem Zusammenbruch des Kaiserreichs, Wirklichkeitswert bekommen, aus einer künstlerischen Vorahnung war eine einmalige historische Chance geworden.

In den Hungerstreiks und politischen Aktionen gegen den Krieg ab 1916 war Mühsam mit dem Proletariat in Berührung gekommen, dessen radikaler Teil sich in Richtung Spartakus von der kaisertreuen SPD löste. Mühsam besuchte jetzt Arbeiterversammlungen und nahm Kontakt zu Karl Liebknecht, Julian Borchardt, Johann Knief auf. In München mögen es 1918/19 zwischen 2000 und 4000 entschlossene Spartakisten gewesen sein, die sich nur zum Teil aus der eingesessenen Münchner Arbeiterschaft rekrutierten.

Mühsam selbst sprach später von knapp einem Prozent der Münchner Einwohnerschaft, die bereit gewesen sei, für die proletarische Revolution zu kämpfen. Diese Prozentzahl ist wichtig, weil sie das Maximum des Mühsamschen Einflusses auf das revolutionäre Geschehen bezeichnet. Aus der treuen Gefolgschaft junger, durch den Krieg entwurzelter Frontsoldaten bildet er den Mythos des revolutionären Proletariats, der für ihn später zu einer Art Fetisch wurde.

Immer, wenn er im Tagebuch oder in Briefen seine jungen Adepten schwärmerisch als "prachtvolle Revolutionäre" preist, wird deutlich, daß er sich hier eine Instanz der Hoffnung, der Erwartung aufgebaut hat.

Mühsam, der Meister der flammenden Rede, der Agitation, besitzt einen Waffenschein während der Räterepublik, er ist bereit, für die Revolution zu sterben, aber er ist angewiesen darauf, daß seine anarchistische Konstruktion einer spontanen Weltrevolution realitätstauglich ist. Er muß fest an sie glauben, soll der Schritt aus der Welt der Wunschträume in die Welt der politischen Realität gelingen.

Im bayerischen Machtvakuum nach der Ermordung Eisners im Februar 1919 gelingt tatsächlich die Gründung der Räterepublik – oder die Errichtung der Rätediktatur, die Mühsam als kurzes, aber notwendiges Durchgangsstadium zur Verteidigung der Revolution bis zur Errichtung einer freiheitlichen Welt betrachtet.

Die Idealisten, Anarchisten und Pazifisten der Münchner Revolution geraten in das Macht- und Intrigenspiel zwischen drei linken Parteien, sie haben keine Erfahrung im Umgang mit Politikern und merken zu spät, daß sie verraten und verkauft sind.

Mühsam in seinem Bericht "Von Eisner bis Leviné" schreibt über den Tag der Ausrufung der Räterepublik, den 7. April 1919:

> Am Stachus bestieg ich eine Bank. Eine große Menschenmenge drängte sich um mich, aus der zunächst antisemitische Rufe laut wurden. Die Reaktion hatte schon die Witterung, daß das Proletariat uneins geworden war und traute sich trotz der Standrechtsverkündigung vor. Unter der Menge bemerkte ich bald einen KPD-Genossen, der meine Rede, lebhaft assistiert von nationalen Studenten, dauernd durch Zwischenrufe unterbrach und die Menge aufforderte, dieser Räterepublik die Gefolgschaft zu verweigern. Die Festrede, die ich halten sollte, verwandelte sich in eine Rechtfertigungsrede. [...] Ich hatte das bittere Gefühl, mich in ein schlimmes und dummes Abenteuer eingelassen zu haben, wenngleich ich immer noch nicht sah, worin mein eigener Fehler lag, und die ganze Schuld am Ausgleiten der Revolution dem Verhalten der KPD zuschob.

Er hatte einen entscheidenden, für ihn verhängnisvollen Schritt vollzogen. Er war vom anarchistischen Bohemien, vom Künstler und Agitator, zum Politiker geworden. Er war aus seiner ureigenen Domäne, in der er Mittelpunkt und Herr seines Handelns war, herausgetreten, weil er dem Ruf der Revolution folgte – und er geriet ins Räderwerk der politischen Mächte.

Auf der Bank am Stachus ist ihm vielleicht diese Erkenntnis gekommen, daß die schöne und plausible Idee der Anarchie sich nicht einfach durchsetzen würde wie eine praktische Erfindung, sondern die ganze Abwehrkraft und den geballten Haß der Reaktion auf sich ziehen würde. Während die Spartakisten drei Wochen später – Mühsam ist bereits verhaftet – von den Nosketruppen wie die Hasen gejagt und geschossen werden, schreibt Thomas Mann, der die Ereignisse, in seiner Villa ausharrend, ängstlich verfolgt, in seinem Tagebuch, es sei ihm recht, wenn die Aufwiegler an die Wand gestellt würden. Das Bürgertum schob Raub, Plünderei, Bandenunwesen, die es im chaotischen Nachkriegsmünchen natürlich gab, den Spartakisten in die Schuhe. Die Nosketruppen erschienen als Retter und Ordnungsstifter. Daß etwa 700 ziemlich wahllos Erschossene auf ihr Konto kamen, wurde ebenfalls dem Widerstand der Spartakisten angelastet.

Hier verläuft eine wichtige Trennlinie.

Mühsam, der sich wie Thomas Mann ursprünglich als bürgerlicher Künstler verstand, als Geistiger, war im Verlauf des Krieges seiner inneren Berufung gefolgt und in geradliniger Konsequenz bei den Revolutionären gelandet. Aus der phantasievollen Verkörperung des Kain war ein proletarischer Kämpfer geworden, dessen ansteckender Idealismus gebraucht wurde und der die Proletarier brauchte, um seinen Idealen eine reale Gestalt zu verleihen. Zwischen ihm und der einst bewunderten und beneideten Geisteswelt eines Thomas Mann riß eine tiefe Kluft auf: der aristokratische Beobachter auf der einen Seite, der mit der Menschheit verbrüderte Aktionist auf der anderen. Der Wahrer der alten Ordnung und der Prophet des Umsturzes – beide bereit, ihre Sache bis zum Äußersten zu vertreten. Nur durch Zufall ist Mühsam dem Schicksal seines großen Freundes und Lehrmeisters Gustav Landauer entgangen, der auf dem Hof des Stadelheimer Gefängnisses von den Ordnungskräften gelyncht wurde.

Mühsams Bekenntnis zum Proletariat, der willentlich vollzogene Übertritt in eine andere Klasse, ist also weitgehend bestimmt durch einschneidende Erfahrungen und Erlebnisse. Die Wahrhaftigkeit seines Schrittes kann nicht in Zweifel gezogen werden. Dennoch muß gefragt werden, auf welchen geistigen Voraussetzungen ein solcher, damals nicht seltener Schritt fußen konnte.

Mühsam unterstellte seinen Anarchismus nicht der analytischen philosophischen Begrifflichkeit, die seiner Meinung nach in der kaltsinnigen Lehre des Marxismus gipfelte; Instanz seines Urteils waren Herz und Sinne, Fundament seiner Überzeugungen war der Glaube. Immer wieder findet Mühsam zu religiösen Vorstellungsbildern, um seiner Gesinnung Ausdruck zu geben. Sein "Idealistisches Manifest" in "Kain", April 1914, endet:

> Noch verträumen die Künstler und Kulturellen ihre Zeit in ästhetischen Zirkeln. Noch haben sie nicht begriffen, daß sie zum Volk gehören, in die Gemeinschaft aller, und daß ihr Werk erst Wert erhält, wenn es Resonanz findet im Herzen der Mitmenschen. Der Geist der Lebenden gehört an die Spitze und in die Gefolgschaft der rebellischen Jugend. Seien wir Agitatoren, bilden wir eine Jungmannschaft der Welt, auf daß auch unser Wort Keime lege zu neuem Geschehen und neuer Gestaltung! Verstopfen wir unsere Ohren vor den Unkenrufen träger Philister und vor den Rechenexempeln praktischer Nörgler! Rufen wir die Wahrheit unserer Ideale aus, unbekümmert um Erfahrungen und zweifelnde Erwägungen, - und wir werden eine Welt erleben, die auf Schönheit und Gemeinschaft und - fernab von Gott und Kirche - auf religiöser Inbrunst errichtet ist.

Mühsams Anarchismus ist und bleibt also eine säkularisierte, diesseitsorientierte, vitalistische Religiosität, seine kritische Schärfe, das Negative, das ihn mit dem radikaldemokratischen Linksbürgertum verbindet, ist ebenfalls ethisch fundiert. Mühsams Abscheu richtet sich gegen das institutionalisierte Unrecht, gegen Ausbeutung, die Gewalt des Stärkeren, aber mindestens genauso gegen die kalte Begrifflichkeit und das machiavellistische Machtkalkül der linken Theoretiker und Führer.

Aus dieser geistigen Disposition bezieht er seine Überzeugungsstärke, seine Energie und Geduld, schließlich auch die Beziehungsmuster, mit denen er mit seinen Jüngern, mit Freunden, Feinden, Gesprächspartnern oder der großen Öffentlichkeit in Kontakt tritt.

In den Tagebüchern setzt sich Mühsam wiederholt mit den Ereignissen der Räterepublik auseinander. Die Fehlersuche bezieht aber kaum die eigene Person ein. Das Trauma des Absturzes aus der Höhe der revolutionären Begeisterung, das Wissen um die Mitverantwortung für Aktionen, die nach dem Scheitern der großen Umwälzung nicht mehr heroisch und gewagt, sondern nur noch verfehlt und vermessen wirken, die Angst schließlich, daß seine eigenen, tiefempfundenen Überzeugungen ihn in die Irre geführt haben könnten, all das gestattet ihm nur ein ansatzweises, pauschales Fehlerbekenntnis. Sehr schnell gelangt er zu einer Deutung, von der er fortan nicht mehr abweichen wird: schuld sei der Verrat der Sozialdemokraten, die Intransigenz der Kommunisten und die Arglosigkeit der zwischen ihnen aufgeriebenen Idealisten und Anarchisten. Die tiefste Ursache des Scheiterns aber liege im Parteiprinzip, das den revolutionären Geist mit seinem Zentralismus und Bürokratismus erstickt und dessen machtgierige Repräsentanten zudem die Linken in feindliche Lager gespalten haben. Am 3. September 1919 schreibt er ins Tagebuch:

> Ich lese eben wieder Bakunins Lebensgeschichte. Er ist das Vorbild, dem ich nachstrebe mit aller Wucht meines Wollens. Ein Psychiater würde mich jetzt wohl als Monomanen bezeichnen. Ich kann und mag nichts anderes mehr im Herzen und im Hirn haben als Revolution. Wie weit liegt alle Literatur, aller Theaterquark hinter mir! Revolution ist das einzige, was ich denke und fühle. Und Vorbereitung dazu im Geiste, Einwirkung auf die Genossen zur Vorbereitung dessen, was beim nächsten Mal geschehen muß, welche Fehler wir vermeiden, welche Lehren wir aus der verlorenen Schlacht zu ziehen haben.

Mühsam wird zu Literatur und Theaterquark zurückkehren, doch die Revolution bleibt ihm fortan in Herz und Hirn. Sein literarisches und publizistisches Wirken in den zwanziger Jahren ist einem einzigen Generalthema, einem einzigen Ziel unterstellt. Man kann es in drei Sätzen zusammenfassen: Nur die Vollendung der proletarischen Revolution kann die Menschheit aus ihrem Elend befreien. Nur die Proletarier, die nicht von den Parteien beherrscht und gelähmt werden, können die begonnene Revolution zu Ende führen. Sie müssen sich vereinen und alles für dieses eine Ziel opfern.

Das war radikal gedacht, empfunden und auch gehandelt. Mühsam hielt sich an seine Maximen, lebte sie vor und propagierte sie. Zu fragen ist an dieser Stelle, wie er seine scharf konturierte, aber wenig differenzierte Begriffswelt gegen den modernen Relativismus immunisierte, gegen eine wenn nicht marxistische, so doch wenigstens soziologisch orientierte Gesellschaftsanalyse behauptete.

Mühsam war als junger Mann wie ein Ritter in die Schlacht gezogen, er hatte sich gegen die Verletzungen und Demütigungen durch die Macht gepanzert, aber durch sein Visier sah er die Wirklichkeit nicht mehr in ihrer ganzen Tiefe und Breite. Mit anderen Worten: Mühsam lebte von seinen fertigen Urteilen, die beseelt, aber kaum durch Studium und Erleben vertieft waren. Es mischt sich in Tagebuch und Briefen die publizistische Neugier und das menschliche Einfühlungsvermögen mit dem snobistischen Vorurteil, das lieber auf ein Aperçu abhebt, als sich der Mühe einer genaueren Analyse zu unterziehen.

Er hatte Marx, den er gern kritisierte, nicht eigentlich gelesen. Seine ätzenden Verdikte stützten sich weitgehend auf das Hörensagen, auf den vulgarisierten Marx der sozialdemokratischen Propaganda. Erst 1919 las er Bakunins Schriften, wie er im Tagebuch bekennt, nachdem er sich viele Jahre auf ihn berufen hatte. Ähnliche Hinweise auf einen eher emotionalen statt sachlich vertieften Realitätsbezug findet man ständig. Er war also kein Rationalist, sondern ein religiös fundierter, künstlerisch empfindender und spontan urteilender bzw. handelnder Mensch, der sich auf die ethische Rechtschaffenheit seiner Motive verließ. Die Grundlage für seine Selbstgewißheit bildet das, was er Gesinnung nannte, ein früh entstandendes System der Überzeugungen und Affekthaltungen, das er zeitlebens reifen ließ, nie mehr jedoch umstürzte, revidierte oder auch nur in Frage stellte.

So blieb er ewig jung, ewig den frühen Konflikten verhaftet, die zur anarchistischen Weltanschauung überformt wurden und gegen den Ansturm einer ständig komplizierter werdenden Welt verteidigt werden mußten.

Mühsams Welt war das Kaiserreich mit seinen starren, ständischen Sozialstrukturen, hier hatte er seinen festen Platz. Die Zeit vor dem 1. Weltkrieg in München war seine schönste, erst später wurde ihm bewußt, in welcher Idylle er trotz aller Entbehrung gelebt hatte. Wer seine 1927 entstandenen ”Unpolitischen Erinnerungen” liest, bekommt einen Eindruck davon.

Der Bruch von 1919 bedeutete auch, daß Mühsam seine anarchistische Vorprägung nicht mehr in einer vorgefundenen Sozialstruktur ausleben konnte. Die Wirklichkeit rutschte ihm weg, er war in doppelter Weise von ihr abgeschnitten – als Festungshäftling und als ein Mann des 19. Jahrhunderts, der in den Strudel der Moderne geriet. Die Rückbesinnung auf seine Stärke, die anarchistische Geradlinigkeit und Festigkeit, war das einzige, was ihm blieb. Also zog er in das schwankende Treiben der Weimarer Republik die Tragbalken der anarchistischen Gesinnung ein: Das hieß Kampf gegen den Parlamentarismus, gegen die linken Parteien,

Schüren der Klassenspannungen bis zum Ausbruch der gewaltigen, endgültigen Revolution.

Eine Folge war, daß sein Empfindungs- und Ausdrucksreichtum, seine Leichtigkeit, seine Spielfreude, das Schillernde und Spritzige seiner früheren Auftritte verblaßten. Er bezeichnete sich jetzt als "Soldat der Revolution". Im privaten Umgang blieb er der alte, liebenswerte, freundliche und verständige Mitmensch, aber wenn das Gespräch auf die Politik kam, was unweigerlich geschah, wurde er zum Eiferer. Seine Erfahrungen und Erlebnisse in fünfeinhalbjähriger bayerischer Festungshaft gaben ihm das Recht dazu. Mühsam war zum Opfer des Parteienstreits geworden. Diffamiert und gedemütigt von kommunistischen Mitgefangenen, gehaßt und mit Morddrohungen verfolgt von den gerade sich formierenden Nazis, beschimpft und geächtet von anderen linken Gruppierungen, die sich immer tiefer in die Sektennischen zurückzogen, angefeindet und ausgestoßen selbst vom anarchistischen Dachverband VKAD, der ihm sein Bekenntnis zu Lenin und zur Diktatur des Proletariats verübelte, wurde Mühsam als Einzelkämpfer ganz auf sich allein verwiesen. Seine Verbündeten im Geiste konnte er an den Fingern abzählen, seine Anhängerschaft, das revolutionäre Proletariat, verflüchtigte sich mehr und mehr zu einem Abstraktum, das Mühsam um so heftiger beschwor, wie um sich selbst vor der Erkenntnis zu bewahren, daß er auf verlorenem Posten kämpfte.

Sein zentraler Beitrag zu den nachrevolutionären Kämpfen in Deutschland war die Broschüre "Die Einigung des revolutionären Proletariats im Bolschewismus", die er im März 1920, während der Kapp-Putsch neue Revolutionshoffnungen schürte, zu Papier brachte. Sein Versuch, das Gemeinsame am Bakunismus und am Leninismus herauszustellen und zur Grundlage einer aktionistischen Revolutions- und Rätebewegung über alle Parteigrenzen hinweg zu machen, hätte unter den obwaltenden Umständen als Lunte am Pulverfaß fungieren können, doch die Schrift konnte ihre Wirkung nicht entfalten. Als er sie aus der Festung schmuggeln konnte, war sie vom rasanten Ablauf der Ereignisse bereits überholt. Die linken Gruppierungen dachten nicht daran, ihre Differenzen zurückzustellen, sondern zerfleischten sich in Machtkämpfen und Glaubenskriegen.

Als der Text 1921/22 in Fortsetzungen und zurechtgestutzt in Franz Pfemferts "Aktion" erschien, war er nur noch Propaganda für eine von vielen Politsekten, an die Mühsam sich nicht binden wollte. Der revolutionäre

Geist, den der wachhalten und in Bewegung setzen wollte, erstarrte ihm vor den Augen und unter den Händen in sektiererischem Parteienstreit. Er stand fassungslos und verzweifelt vor dieser lähmenden Erfahrung und resignierte nicht, sondern kämpfte weiter.

"Fanal" hieß seine Zeitschrift, die er von 1926 bis 1931, von der Öffentlichkeit kaum noch zur Kenntnis genommen, erscheinen ließ. Totalkritik an der korrupten, selbstzerstörerischen, auf den Faschismus zurasenden Weimarer Republik, Totalkritik am Parteienstreit, an der realpolitisch korrupten Sozialdemokratie, am preußisch-zentralistischen Parteikommunismus, am Parlamentarismus, an Fortschrittsdenken und Reformismus, an Klassenjustiz und Massenelend, an Hitler-, Freikorps- und Femekult, an bürgerlicher Vergnügungs- und Genußkultur, an Pazifismus und Demokratiegläubigkeit. Auf alles hatte er nur eine Antwort: Unruhe! Unruhe! Unruhe! Revolution! Revolution! Revolution!

Seine Zeitbilder sind scharf und bitter, seine Satire ätzend und freudlos, seine Voraussagen düster. Daß der Prophet Mühsam nur zu recht hatte, daß seine Befürchtungen durch das wirkliche Geschehen noch in den Schatten gestellt wurden, macht seine Rolle des einsamen Rufers in der Wüste zu einer tragischen. Er selbst mußte sie mit dem Leben bezahlen und nahm das in Kauf.

Doch zu dieser Tragik zählt auch, daß er sich mit seiner Radikalität den Zugang zum eingreifenden Wirklichkeitsverständnis abgeschnitten hatte. Bereits in der Festungshaft war Mühsam ausgegrenzt worden und allmählich in die Isolierung geraten. In seinen Gedichten und Kampfliedern spiegelt sich dieser Prozeß wider. Anfangs noch leben sie aus dem Geist des gemeinsamen Kampfes und der Siegesgewißheit. Noch beflügelt vom Kapp-Putsch und den bürgerkriegsähnlichen Kämpfen im April 1920 dichtet er:

Max-Hölz-Marsch

Genossen, zu den Waffen!
Heraus aus der Fabrik!
Sprung auf, marsch, marsch! Es lebe
die Räterepublik!
Es leb der Kommunismus,
es lebe die Tat!
Es lebe, wer sein Leben gibt
fürs Proletariat!

Doch unser Sieg ist nah: Max Hölz ist wieder da!
Er hält die rote Fahne hoch und schwingt sie: Hurra!

Die Handgranat am Gürtel,
im Arme das Gewehr,
so stürmt Max Hölzens Garde
durchs Sachsenland daher.
Der Bürger knickt zusammen.
Er sperrt den Geldschrank auf.
Hölz präsentiert die Rechnung
mit dem Pistolenlauf.
Denn unser Sieg ist nah: Max Hölz ist wieder da!
Er hält die rote Fahne hoch und schwingt sie: Hurra!

Hier geht der rote Hahn auf,
dort donnert Dynamit.
Der Bürger macht die Hosen voll
und schwitzt um den Profit.
Die Sipo soll ihm helfen,
der Reichswehrgeneral;
die Sozibonzen zetern
fürs heilige Kapital.
Doch unser Sieg ist nah: Max Hölz ist wieder da!
Er hält die rote Fahne hoch und schwingt sie: Hurra!

Der Bürger schnaubt nach Rache.
Sein Geldsack ist noch stark,
wer Hölzens Kopf zerschmettert,
kriegt hunderttausend Mark.
Ihr Mörder und ihr Spitzel,
zerstört die rote Saat!
Es kämpft für seine Freiheit
das Proletariat.
Doch unser Sieg ist nah: Max Hölz ist wieder da!
Er hält die rote Fahne hoch und schwingt sie: Hurra!

Und muß denn gestorben sein,
Genossen, wohlan!
Wer für die Freiheit kämpfte,
hat wohl daran getan,
Proleten, zu den Waffen!
Heraus aus der Fabrik!
Sprung auf, marsch, marsch! Es lebe
die Räterepublik!
Ja, unser Sieg ist nah: Max Hölz ist wieder da!
Er hält die rote Fahne hoch und schwingt sie: Hurra!

Schließlich übermannt ihn die Enttäuschung über das Ausbleiben der Revolution, und für die Arbeiter, die er agitieren und befeuern wollte, hat er nur noch Sarkasmus übrig – wie in seinem Gedenkgedicht für Karl Liebknecht und Rosa Luxemburg:

> Zieht euch die Kappen tiefer ins Gesicht,
> wenn ihr an diesem trüben Wintertage
> zur Arbeit schleicht.
> Wie, Proletarier? Quälen euch die Sorgen,
> ob ihr mit eurem Lohn die Woche reicht
> und ob man mit der kargen Tüte nicht
> euch die Papiere in die Hände schiebt?
> Ihr seid es ja gewöhnt zu sehen,
> wie Frau und Kinder hungern, die ihr liebt. [...]

Das Mitreißende, Begeisternde, Zukunftsgewisse ist verschwunden, an deren Stelle ist die Geisterbeschwörung getreten, die Huldigung an eine Revolution, die längst verloren ist. Was können seine Lieder noch leisten? Wen rütteln sie auf?

Immer, wenn ihn die strafverschärfende Einzelhaft vom Kontakt mit den anderen Häftlingen abschneidet, schreibt Mühsam. Das nach den Tagebüchern umfänglichste Werk ist der Fragment gebliebene Roman "Ein Mann des Volkes", eine Satire auf den Karriere-Sozialdemokraten Bröschke, die in liebevoll haßerfülltem Detail ausmalt, was Kurt Tucholsky in ein paar Versen lebendig macht.

An einen Bonzen

> Einmal waren wir beide gleich.
> Beide: Proleten im deutschen Kaiserreich.
> Beide in derselben Luft,
> beide in gleicher verschwitzter Kluft;
> dieselbe Werkstatt — derselbe Lohn —
> derselbe Meister — dieselbe Fron —
> beide dasselbe elende Küchenloch ...
> Genosse, erinnerst du dich noch?
>
> Aber du, Genosse, warst flinker als ich.
> Dich drehen — das konntest du meisterlich.
> Wir mußten leiden, ohne zu klagen,
> aber du — du konntest es sagen.
> Kanntest die Bücher und die Broschüren,
> wußtest besser die Feder zu führen.

Treue um Treue — wir glaubten dir doch!
Genosse, erinnerst du dich noch?

Heute ist das alles vergangen.
Man kann nur durchs Vorzimmer zu dir gelangen.
Du rauchst nach Tisch die dicken Zigarren,
du lachst über Straßenhetzer und Narren.
Weißt nichts mehr von alten Kameraden,
wirst aber überall eingeladen.
Du zuckst die Achseln beim Hennessy
und vertrittst die deutsche Sozialdemokratie.
Du hast mit der Welt deinen Frieden gemacht.

Hörst du nicht manchmal in dunkler Nacht
eine leise Stimme, die mahnend spricht:
"Genosse, schämst du dich nicht —?"

Im September 1923 in der "Weltbühne" steht dieses Gedicht von Theobald Tiger, der sich hier in die Rolle eines von der Sozialdemokratie betrogenen Arbeiters versetzt. Er gebraucht ein proletarisches Du, das den ehemaligen Klassengenossen erreichen und beschämen soll. Indem er einen einfachen Arbeiter zur Instanz der Moral, des Gewissens und des mitmenschlichen Anstands macht, erzielt er eine poetische und zugleich eine politische Wirkung. Ohne ein einziges proletarisches Kampfziel zu benennen, bringt er alle Sympathien des Lesers auf die Seite des einfachen, ehrlichen Arbeiters, dem er auch keine bestimmte Parteizugehörigkeit zuweist. Er könnte ein enttäuschter Sozialdemokrat sein, aber auch ein Kommunist, ja selbst ein Anarchist.

Auch Anarchist Mühsam sieht seinen Bonzen Bröschke mit den Augen eines ehemaligen Freundes und Mitkämpfers. Er möchte ihn nicht umbringen, sondern zu seiner Seele vorstoßen, zu seinem Gewissen, und ihn moralisch zur Umkehr drängen, bevor er ihn vollends zum Feind erklärt.

Neben dieser Gemeinsamkeit, die viele andere linke Publizisten vereinte und deren eine Basis die "Weltbühne" war, dürfen die Unterschiede und Gegensätze nicht übersehen werden. Dem Bild vom gepanzerten, unbeirrbar anarchistischen Mühsam steht das des dünnhäutigen Tucholsky gegenüber, der seinen dichterischen Impetus nicht so sehr aus der Gesinnung, dem verfestigten System der Anschauungen, sondern aus frischem Beobachten und schmerzhaftem Erleben bezieht. Auch er gelangt zu politischen Meinungen, die manchmal auch Aufforderungscharakter annehmen wie bei Mühsam, und doch verbirgt sich hinter ihnen ein breiteres Wahrnehmungsspektrum, ein differenzierteres Gesellschaftsbild und daher auch in den zwanziger Jahren die gelungenere Form und die reichere, wirkungsstärkere Produktivität.

Die persönliche Beziehung zwischen Mühsam und Tucholsky beschränkt sich auf ein paar sachlich nüchterne Briefe im Zusammenhang mit einer Weltbühnen-Spendenaktion für die bayerischen Festungsgefangenen und die Rufmordkampagne der Münchner KPD gegen Mühsam.

Mühsam hatte ab 1926 das "Fanal", um seine Überzeugungen ungefiltert zu verkünden. Um leben zu können, belieferte er verschiedene Tageszeitungen mit Versen zur Tagespolitik, nicht vergessen werden sollen die "Unpolitischen Erinnerungen", die er schrieb, um "Fanal" weiter finanzieren zu können, und die 1928 in der "Vossischen Zeitung" erschienen, unbelastet von seinem eigentlichen Anliegen, daher von befreiter Heiterkeit durchzogen – für die er sich ein wenig schämte, denn die Zeiten gaben ja eigentlich für Heiterkeit keinen Anlaß.

Aber: Das einzige Blatt, das fast regelmäßig alle paar Monate einen Mühsam-Beitrag druckte, war die "Weltbühne". Vorausgegangen war Mühsams Präsenz in der "Schaubühne" zwischen 1909 und 1914; ein Artikel "Zur Judenfrage" 1920 erneuerte die alte Beziehung zu Siegfried Jacobsohn. Ab 1925 folgte eine Reihe von Aufsätzen zu Themen der Zeitgeschichte. Nach dem Tod von Jacobsohn im Dezember 1926 korrespondierte Mühsam mit Ossietzky und setzte mit ihm die Zusammenarbeit bis 1932, bis zum Ende also, fort. Wie auch zu Jacobsohn und Tucholsky blieb das Verhältnis ein distanziert höfliches, die Basis bildete der schmale gemeinsame Nenner der Radikalkritik an der Vorherrschaft des Unrechts.

Mühsam suchte einen Ton, der sich am Profil der "Weltbühne" orientierte, er richtete sich somit an ein linksbürgerliches, intellektuelles Publikum, das ja durchaus seine geistige Heimat war, nur daß er aus dieser Heimat ins Lager der äußersten Linken übergewechselt war.

Mühsam selbst legte großen Wert darauf, daß er geistig beweglich und kontaktfähig blieb. Sein Wirken war stets auf Ausweitung, auf Verständigung, auf Einbeziehung der Außenstehenden aus, ungeachtet der Tatsache, daß die Wirkungen sehr begrenzt blieben und ihn der Isolierung auslieferten. Zu seiner Tragik gehört es, daß der Verlust einer wichtigen politischen Rolle den Verlust der eigenen Mitte zur Folge hatte. Mühsams Stil läuft nur noch selten zur Hochform auf, oft klingt er gequält, bemüht, neben der Sache.

Einen entgegengesetzten Verlauf nahm die publizistische Profilierung Ossietzkys. Der elf Jahre jüngere Hamburger, der seine ethische Grundlage im Monismus gefunden hatte, mausert sich mit dem Eintritt in die "Weltbühne" 1926 zu einem der klarsichtigsten und tiefgründigsten Zeitkritiker. Sein geistiger Horizont umspannt bald die politischen Überlebensfragen der Weimarer Republik, sein Stil wird präzise und gewinnt eine sanft funkelnde Qualität. Politisch versucht er links, aber über den Parteien zu stehen, was ihm manchen Balanceakt abverlangt, aber ein Vergleich mit dem polemischen Stil Mühsams in "Fanal" macht vielleicht deutlicher, wo die wesentlichen Differenzen liegen.

Im Mai 1932 gibt Ossietzky betreffs der Linken folgende politische Lagebeschreibung:

> Reformismus und Radikalismus sind zwei natürliche, legale Zweige der Arbeiterbewegung. Der eine ragt in die Zukunft, der andere bedeutet die Gegenwart. Beider Funktionen sind lebenswichtig. Und beide laufen heute unmittelbar Gefahr, Gegenwart und Zukunft zu verlieren und historische Kategorien zu werden. Denn in dieser Epoche, das muß mit aller Schärfe gesagt werden, liegt die Initiative nicht mehr bei der Arbeiterbewegung, weder bei ihrem reformistischen noch bei ihrem revolutionären Flügel. Die Sozialdemokratie ist mit ihren opportunistischen Kniffen ebenso mit ihrem Latein zu Ende wie die KPD mit ihrem Treiben in die Weltrevolution. Primgeiger ist der Faschismus. Die revolutionäre Gärung in Deutschland rührt nicht von einer um Aufstieg kämpfenden Arbeiterschaft her, sondern von einem Bürgertum, das sich gegen sein Versinken krampfhaft zur Wehr setzt. Mitten im fallenden Kapitalismus befindet sich die Arbeiterschaft in der Defensive. Das ist die größte Überraschung dieser Phase, und das allein muß die Haltung und die Wahl der Mittel bestimmen.
>
> Es wird nicht leicht sein, die Sozialisten aller Richtungen auch nur diskutierend zusammenzubringen. Sie haben sich viel angetan, und ein Generalpardon ist notwendig. Bei allen Beteiligten ist die Feindschaft traditionell geworden, gleichsam Ehrensache. Alles ist in umfangreichen, archivartig verschachtelten Gedächtnissen mit schrecklicher Genauigkeit aufbewahrt. Alle Auseinandersetzungen im Sozialismus leiden unter diesen fürchterlich geschulten Gedächtnissen. Jede Irrung des andern, mag sie Jahre alt sein, ist mit glühender Nadel in Hunderttausenden von Hirnrinden eingeritzt und brennt dort weiter. Mauern von Papier türmen sich zwischen Gutgewillten.

Es kommt nicht mehr darauf an, recht zu behalten, sondern sämtliche Teile der sozialistisch organisierten Arbeiterschaft vor der Vernichtung zu retten. Wollen wir antiquierte Schlachten weiterführen, wo der Raum, in dem wir leben, immer enger wird? Wo wir immer mehr zusammengepreßt atmen müssen, wo riesenhohe Wände, von unsichtbarem Mechanismus bewegt, immer näher rücken? Es geht nicht mehr um Programme und Doktrinen, nicht mehr um "Endziele" und "Etappen", sondern um den technischen Fundus der Arbeiterschaft, ihre Presse und Gewerkschaftshäuser, und schließlich um ihr lebendes Fleisch und Blut, das hoffen und vertrauen und kämpfen will.

Ich frage euch, Sozialdemokraten und Kommunisten: - werdet ihr morgen überhaupt noch Gelegenheit zur Aussprache haben? Wird man euch das morgen noch erlauben?

Was sich zwischen euch aufgebaut hat, ich ignoriere es nicht. Ich kenne es besser als irgendein andrer. Denn ich habe in diesen Jahren von beiden Seiten Schläge erhalten. [...]

In diesen Tagen steht das Schicksal aller deutschen Sozialisten und Kommunisten zur Entscheidung. Wenn man ihre Zeitungen sieht, spürt man davon nicht viel. Der alte Krieg geht weiter. Und dennoch sind Worte gesagt worden, die nicht leicht verhallen können, und dennoch steht irgendwo ein runder Tisch und wartet.

Während Ossietzky also die tiefe Kluft beim Namen nennt, aber ihre Ursachen pauschalisiert, die politischen Gegensätze verschweigt, um sie nicht noch zu vertiefen, indem er einen Runden Tisch für die Zerstrittenen hinstellt, um die Katastrophe des Faschismus aufzuhalten, schreibt Mühsam in seinem Dritten ”Fanal”-Rundbrief vom Juni 1932:

Wir stehen in aller Eindeutigkeit vor der Alternative, ob die proletarische Revolution den Faschismus, und der bedeutet den neuen Weltkrieg, rechtzeitig verhindern wird, oder ob erst ein grauenhaftes Völkergemetzel bei vollständiger Versklavung der Arbeiter und bei Ausrottung ganzer Bevölkerungen weiter Gebiete durch Giftgase und Verhungern jahrelang wüten muß, um endlich doch die Revolution herbeizuführen, die das Verbrechen verhüten könnte.

Im Vierten ”Fanal”-Rundbrief, November 1932, den er aus Mangel an Geld nicht mehr drucken, nur noch hektographieren lassen kann, gilt seine Polemik nur noch den Wahlen. Er ereifert sich über den Irrsinn des Wählens und des Parlamentarismus, dem alle Parteien verfallen seien:

Arbeiter, die auf sich halten, die revolutionäres Gewissen haben, die den Schwindel durchschauen, bleiben der Wahlurne fern! Sie haben bessere

Mittel, ihr Recht zu verteidigen, als mit den Bürgern Wettläufe um die höchste Mitläuferzahl vorzunehmen. Sie übertragen nicht die Kämpfe, die den Einsatz der ganzen Persönlichkeit in unmittelbaren Aktionen fordern, auf beamtete Führer.

Wirklichen Kämpfen aber gehen keine Parlamentswahlen voran, sondern Aufklärung, freie Auseinandersetzung, Verbreitung der Wahrheit, rücksichtslose Bloßstellung aller taktischen Unehrlichkeiten, Schaffung einer neuen, kämpferischen, klaren und freiheitlichen revolutionären Moral und Einigkeit im Kampfwillen.

Das ist Mühsams letztes Wort zur Lage, kein Vierteljahr vor der Machtergreifung Hitlers. An Abstraktheit und Wirklichkeitsferne ist dieses Maximalprogramm nicht zu überbieten. Die Forderung nach sofortiger Revolution aller links von den Parteien stehenden Proletarier hat er aufgegeben, weil es diese Proletarier nur noch vereinzelt gibt. Nun ruft er, als letztes Wort quasi, den auf ganzer Linie versagenden Arbeitern zu: Geht wenigstens nicht wählen! In einer Zeit, als die Nazis sich anschickten, die Macht über parlamentarische Mehrheiten ganz legal anzutreten ...

Der Antiparlamentarismus war eine anarchistische Standardforderung, der Mühsam bereits 1902 einen seiner ersten anarchistischen Aufsätze widmete: Nicht Interessenverstrickung und Korrumpierung durch Politik, durch Erkämpfen demokratischer Machtteilhabe, sondern Ausgliederung, Frontalangriff auf die Ausbeuterordnung: Revolte, Aufstand, Revolution, wenn nötig mit Waffengewalt und Blutopfern, denn es geht ums Ganze. Die Bezeichnung Pazifist, die Mühsam oft begütigend angeheftet wurde und wird, lehnte er degoutiert ab.

Indem er sich der Weltrevolution verschwor, schuf er sich eine ethische Rechtfertigung für die Ausübung von Gewalt gegen Menschen. Mühsam selbst hat nie die Hand gegen einen anderen Menschen erhoben, aber zur Gewalt, zu Terror und Attentat aufgefordert und ermutigt, wenn er sich davon einen Aufschwung der menschheitsbefreienden Weltrevolution versprach. Es war natürlich der anarchistische und biblische Affekt des Aufbegehrens, der reinen, unkompromittierten Befreiungstat, des gerechtfertigten Schlags gegen die Bedrücker, die ihm das Vollgefühl seiner revolutionären Mission verliehen, ihn aber gleichzeitig außerhalb des gesellschaftlichen Rahmens stellte, in dem positive Politik überhaupt denkbar und möglich war.

Mühsam kannte dieses Dilemma. Deshalb brauchte er Lenins These von der Diktatur des Proletariats: Man mußte die Gewalttat riskieren, man mußte die Revolution mit dem Gewehr verteidigen, aber nur, um damit den ewigen Frieden ohne Krieg, Mord, Verbrechen und Ausbeutung zu schaffen.

Als Zukunftsmensch war Mühsam weich, liebevoll, träumerisch, selbstlos, als Gegenwartsmensch hatte er sich mit dem Panzer der Revolutionsdoktrin umgeben, der starr und unschön war, aber ihn und seine Träume schützen und für die Zukunft bewahren mußte.

Sehr gut möglich, daß wache, sensible, verständige Zeitgenossen wie Tucholsky und Ossietzky ihn so ähnlich sahen. Man konnte ihn unmöglich abweisen, man mußte mit ihm fühlen, aber man konnte seine Überzeugungen nicht teilen.

Beide, Tucholsky und Ossietzky, glaubten nicht an die befreiende Gewalttat. Sie glaubten nicht an ein gradliniges Fortschreiten der Menschheit aus der Knechtschaft in die Freiheit. Sie glaubten weder an die Bibel noch an die linken Utopien. Sie waren weit mehr durch die moderne Wissenschaft vom Menschen geprägt als Mühsam, der ein Mann des 19. Jahrhunderts blieb und dessen anarchistische Idylle in seinem späten Utopiestück "Alle Wetter" ein Wolkenkuckucksheim mit Gesang und Tanz darstellt: Zurück in die einfachen, überschaubaren Verhältnisse und Vorstellungen, wo der Mensch noch Mensch sein kann.

Tucholsky und Ossietzky waren eine andere Generation, ein anderes Jahrhundert. Ihre große Zeit war Weimar, Mühsams große Zeit war das Kaiserreich. Sie glaubten nicht an die Erlöserrolle der Gewalt. Sie setzten auf die Regeln der Demokratie, von denen sie sich keine Erlösung, aber ein erträgliches Miteinander der unfriedlichen Gattung Mensch versprachen. Der Kompromiß, das Aufeinanderzugehen, der Runde Tisch, das waren für Mühsam bestenfalls Zugeständnisse, Demonstrationen des guten Willens, aber keine Lösungen.

1931, als die Krise schon zugespitzt war, veröffentlichte die "Weltbühne" einen Gruß Mühsams zum 25. Jubiläum:

Gruß

Jubilare wollen immer nett behandelt sein, und wenn Sie mich fragen, was ich für, was ich gegen die "Weltbühne" zu sagen habe, so werde ich wohl den fünfundzwanzigsten Geburtstag der Zeitschrift nicht grade zum Anlaß nehmen, um drüber zu schimpfen. Daß ich nicht Ihr politischer Zwilling bin, wissen Sie ja, aber gäbe die "Weltbühne" ohnehin lauter Mühsamsche Ansichten von sich, was hätte unsereiner nötig, mitarbeiten zu wollen? Ich schätze das Blatt, weil es den von Siegfried Jacobsohn gepflegten Geist der einseitigen Duldsamkeit zur linken Seite hin nicht preisgibt und mir und ähnlich gestimmten Leuten, welche mit großer Heftigkeit weder Demokraten noch Liberale noch Pazifisten sind, das Mikrophon nicht vor dem Mundwerk wegzieht. Dennoch wäre das bloße Stillhalten der "Weltbühne" zur Bekundung kameradschaftlicher Glückwünsche zu wenig; es gibt schon noch etwas Verbindendes, was einen antiautoritären Revolutionär den Lautsprecher der "Weltbühne" lieber als einen andern benutzen läßt, das ist eine Gemeinsamkeit im Negativen, nämlich die gänzliche Respektlosigkeit vor offiziellen Werten. Darum liest sich die "Weltbühne" immer erfreulich, weil hier vor keinem Bürgerglauben in Ehrfurcht gezittert wird, ohne daß deshalb unbürgerliche Empfindlichkeiten zukunftsvoller Überzeugungen verletzt würden. Meine Geburtstagswünsche vereinigen sich in dem Vorsatz, zu meinem Teil gelegentlich von der "Weltbühne" aus an den Grundpfeilern der Bürgertugend zu rütteln. Keinen ihrer Leser werde ich je aufreizen, gesetzwidrige Handlungen zu unternehmen — wie werde ich denn —, aber was ich dazu beitragen kann, den werten Zeitgenossen ihren verdammten Respekt vor dem geschriebenen Recht, den paragraphierten Programmen und den staatlichen Gesetzen auszutreiben, das soll geschehen. Schon, daß die "Weltbühne" dieses Versprechen mitteilen wird, ist ein gutes Zeugnis für sie, und so wird sie auch nicht zögern, mein weiteres Bekenntnis mitzuteilen, daß ich die Verweigerung jeder Hochachtung vor den Einrichtungen und Bestimmungen der Obrigkeit nicht als unterhaltsames Spiel von Snobs betrachte, sondern als eine Forderung an die Arbeitermassen und an die wenigen, welche sich der ausgebeuteten Klasse aus innerer Not kämpferisch verbunden wissen. Solche Menschen waren im verflossenen Vierteljahrhundert in der "Weltbühne" unter Schriftstellern und Lesern immer zu finden. Darum sei diese bürgerliche Zeitschrift aus revolutionären Bezirken unbürgerlich gegrüßt.

Ich muß gestehen, daß ich diesen Artikel ungern zitiere. Der Ton mißfällt mir, aber er sagt mehr über die ambivalente Beziehung Mühsams zur "Weltbühne" als seitenlange Erklärungen.

Mühsam stellt Differenzen zurück, um eine gönnerhafte Verbundenheitserklärung abzugeben, die entlarvend ist für die Unfähigkeit, den geistigen Ort der "Weltbühne" kritisch mitzuvollziehen. Auf die Spitze getrieben, die Höflichkeiten weglassen, kann man seine Stellungnahme auch folgendermaßen lesen: Ich bin anderer Meinung als ihr, aber eure linke Voreingenommenheit verlangt ja, daß ihr auch mich akzeptiert. Übrigens ist diese Toleranz ein Verdienst von Jacobsohn, das ihr nur fortführen müßt.

Mühsam stellt eine Gemeinsamkeit im "Negativen" fest, doch er reduziert diese Gemeinsame auf eine Respektlosigkeit vor bürgerlichen Werten, auf eine aufmüpfige Attitüde, die sich gegen die Obrigkeit richtet. Das Rütteln an Bürgertugenden will er nicht als Selbstzweck, sondern als Forderung an die Arbeitermassen verstanden wissen, die also alle rütteln sollen, nachdem er sie als Vorrüttler dazu aufgefordert hat. Die "Weltbühne" hat sich in den Dienst dieser Forderung zu stellen, denn es hat immer auch Arbeiter gegeben, die diese bürgerliche Zeitschrift lesen.

Das Rütteln ist natürlich ein Ersatzwort für die Revolution, deren Propagierung Mühsam in der "Weltbühne" nicht gestattet wird. Aus Zensurgründen und auch, weil die Herausgeber nicht allein mit ihrer Auffassung sind, daß Mühsams Aufrufe zur politischen Polarisierung und zum linksradikalen Aufstand gegen Faschismus und Bourgeoisie kein konstruktiver Beitrag zur Bewältigung der Überlebenskrise der Weimarer Republik ist.

Doch indem Mühsam sein Konzept trotzdem vorbringt, wird es zur Halbheit, aus dem Kompromiß wird eine traurige Plattheit. Mühsam beherrscht nicht mehr die Sprache der linken Intelligenz; der Hintersinn, der Witz, die Doppelbödigkeit als Ausdruckmittel wollen nicht funktionieren. Und so klingt das Ganze wie linkselitärer Hochmut, doktrinäre Arroganz gegenüber denjenigen, die sich auf die Kompliziertheiten des politischen Tagesgeschehens in Deutschland einließen, die den gordischen Knoten vorsichtig mit den Fingern auflösen wollten, während Mühsam schon lange sagt, daß nur das Schwert Abhilfe schafft. Aber das hatten auch Tucholsky und Ossietzky schon in der Schule gelernt.

Man kann begütigend unterstellen, er sei an jenem Tage nicht gut ausgeschlafen gewesen. Doch der Ton verrät auch, daß er hier mit Rivalen umgeht, die mit ihrer "Weltbühne" erfolgreicher sind als er mit "Fanal". Natürlich möchte Mühsam als Publizist mindestens genausoviel gelten wie Ossietzky und Tucholsky, er hat bewiesen, daß er analytischen Scharfblick, Hellsichtigkeit und die gewisse Feder besitzt, die das Lesen seiner Polemiken zum geistigen Vergnügen machen. Doch in "Fanal" hat er diese seine Talente in den Dienst einer Mission gestellt, die sich längst zur fixen Idee verhärtet hat. Die Idee ist seine einzige Waffe gegen eine schmerzvolle Realität, und diese Waffe dient ihm, so möchte ich behaupten, der Selbstverteidigung, der Selbstbewahrung. Sie ist sein letzter Schutz gegen die Verzweiflung. Dazu zitiere ich Mühsams "Fanal"-Rundbrief von 1931:

> Man hängt euch den Brotkorb höher und höher, man senkt euch die Löhne tiefer und tiefer, man preßt euch das letzte heraus, um keinen Vorteil des Reichtums um eurer Not willen preisgeben zu müssen, – aber haltet nur Ruhe, dann wird die staatliche Ordnung euch schon mit Sicherheit verkommen lassen. Zum Teufel, Arbeiter, was muß eigentlich noch geschehen, damit ihr endlich mal aus eurer verdammten Ruhe aufschreckt?

Mühsams seelische Balance ist abgekippt. Er hat seinen anarchistischen Balanceakt aufgeben müssen, die äquilibristische Geläufigkeit der Kaiserzeit ist ihm abhanden gekommen, er ist ein Abgestürzter. Er kann nur noch seinem Vermächtnis treu bleiben, sein Lebenswerk vor Entwertung schützen. Mühsam ist in der Defensive, seit dem Zusammenbruch der Revolution. Der Verlauf hat den anarchistischen Idealismus in vielfältiger Weise widerlegt. Das Bekenntnis zur Diktatur des Proletariats ist ein Notbehelf, eine theoretische Behauptung, denn in Wirklichkeit empört ihn jede Diktatur. Von seinen Mitmenschen wird er durchschaut, sie sehen seine Schwäche, sie achten ihn als Menschen, aber gehen über seine politische Mission hinweg. Auch Ossietzky wird ihn in diesem Sinne gelten lassen und ihm Platz gewähren.

Letzten Endes war es für beide, Ossietzky und Mühsam, eine Stilfrage, wie sie dem Untergang ins Angesicht schauten. Tucholsky, der sensibelste Beobachter der Zeitläufte, hatte sich für das Schweigen entschieden. Mühsam, Ossietzky, Tucholsky, alle drei haben auf ihre Weise nicht erst vor der braunen Pest gewarnt, als es zu spät war, und die Nazis haben sich an ihnen gerächt. Am 8. April verzeichnet Mühsam in seinen Notizkalender aus dem KZ Sonnenburg:

> Umzug in Einzelhaft (Keller). Bart etc. Besuch von Zenzl. Erdarbeit (mit Ossietzky).

Mühsam an Walter Bloem, Vorstandsmitglied des Schriftstellerverbands SDS, aus dem KZ Sonnenburg, 10. April 1933:

> Sie wissen, daß ich niemals von, sondern nur für meine Ideen gelebt habe. [...] Hier befindet sich auch Herr Carl von Ossietzky. Ich weiß, daß er Sie

schon angegriffen hat. [...] Ich vertraue Ihrer gerechten Natur so sehr, daß ich Sie bitte, uneingedenk aller Kränkung, Ihr Wort auch für ihn einzulegen.

Mühsam wurde am 10. Juli 1934 ermordet. Tucholsky wählte am 19. Dezember 1935 den Freitod im schwedischen Exil, Ossietzky wurde 1936 auf internationalen Druck mit dem Nobelpreis geehrt und aus dem KZ entlassen. Er starb zwei Jahre später, am 4. Mai 1938, an den Folgen der Haft.

Elke Suhr

Zu den Hintergründen des "Weltbühnen"-Prozesses

"Im Laufe dieser letzten Jahre haben die bürgerlichen Gewalten in zunehmendem Maße mit den Militärs teilen müssen, und sie sind dabei zusehends geschrumpft."[1] - erklärt Ossietzky in seinem Abschiedsartikel "Rechenschaft" vor seinem Haftantritt 1932. Die schleichende Atomisierung der Demokratie resultierte in seinen Augen zuerst und vor allem aus der ungehemmten Machtausdehnung der Reichswehr, des "Staates im Staat", wie sie der monarchistische Generalfeldmarschall Hindenburg als Reichspräsident der Republik verkörperte. Lange schon hatte sich die militärische Führung in zivile Bereiche gedrängt, um politische Rückendeckung und Geld für die geheime Aufrüstung zu erzwingen. Über staatliche Aufträge und Subventionen versuchte sie rüstungswichtige Wirtschaftszweige nach ihren Interessen zu gängeln. Das galt auch und vor allem für die Flugzeugindustrie, obwohl ja Artikel 198 des Versailler Vertrages Deutschland den Aufbau einer Luftwaffe ausdrücklich untersagte. Die illegale deutsche Aufrüstung war der in- und ausländischen Presse nicht verborgen geblieben. Ende 1926 begann der "Manchester Guardian" eine Artikelserie, in der die Zusammenarbeit zwischen Reichswehr und Roter Armee enthüllt wurde. Dabei war immer wieder von illegalen deutschen Luftrüstungsprojekten auf sowjetischem Boden die Rede, etwa von einem heimlichen Zweigwerk der Firma Junkers, in dem Militärflugzeuge produziert worden waren.

Die Reichsregierung und mit ihr die meisten bürgerlichen Blätter versuchten, den internationalen Skandal im eigenen Lande totzuschweigen; aber der "Vorwärts", die "Weltbühne" und ein paar andere Blätter aus dem linkspazifistischen Lager informierten die deutsche Öffentlichkeit, und sie forderten eine demokratische Kontrolle der Reichswehrpolitik. Zu diesem Zeitpunkt funktionierte die demokratische Öffentlichkeit noch; die sozialistische und pazifistische Presse vom "Vorwärts" bis zur "Weltbühne" eröffnete eine Kampagne gegen die heimliche Rüstung und forderte eine demokratische Kontrolle der Reichswehr. Das war wohl der Hintergrund

---

1   "Die Weltbühne", 10.5.1932.

einer Gesetzesinitiative, die Reichswehrminister Geßler im Juni 1927 mit Rückendeckung Hindenburgs auf den Weg brachte und die er im August der Reichsregierung vorlegte: "Wer öffentlich Behauptungen tatsächlicher Art aufstellt und verbreitet, die sich auf die Landesverteidigung beziehen und geeignet sind, gegen das Deutsche Reich den Vorwurf einer Verletzung seiner völkerrechtlichen Verpflichtungen zu begründen, wird mit Gefängnis bestraft." Doch die Zeit für ein solches Maulkorbgesetz war noch nicht reif. Im Laufe des Jahres 1927 geriet der Reichswehrminister mehr und mehr wegen dunkler Finanzgeschäfte und Etatschwindeleien innerhalb seines Ressorts in Bedrängnis; Anfang 1928 mußte er zurücktreten. Sein Nachfolger Groener ließ besagten Gesetzesentwurf zunächst ruhen. Während des sozialistisch-demokratischen Interregnums unter Reichskanzler Hermann Müller wäre eine solch einschneidende Verstümmelung der Pressefreiheit kaum durchsetzbar gewesen und vielleicht auch nicht notwendig. Bekanntlich schloß das Kabinett Müller - beginnend mit der Baugenehmigung für den Panzerkreuzer A - einen Kompromiß mit den Militärs und genehmigte per Kabinettsbeschluß die geheimen und illegalen Rüstungsarbeiten der Reichswehr.

Die Toleranz der Alliierten gegenüber dieser Entwicklung erklärt sich aus dem Internationalisierungsschub der Wirtschaft jener Jahre auch und gerade auf dem Rüstungssektor und aus dem allgemeinen Vertrauen in die Friedfertigkeit der Weimarer Republik in der Ära Müller.

1

Der Aufbau einer heimlichen Luftwaffe war bereits 1926 forciert worden, nachdem die Pariser Beschlüsse der Alliierten die Baubeschränkungen für die deutsche Flugzeugindustrie im zivilen Bereich faktisch aufgehoben und die nichtmilitärische Fliegerei in Deutschland freigegeben hatten.

Am 5.11.1926 meldete die Luftfahrtabteilung des Waffenamtes, daß es die "Unterstützung und Erziehung der Luftfahrtindustrie" in Angriff nehmen wolle. Man plane eine "Bauaufsichtsstelle" des gesamten deutschen Flugzeugbaus zwecks militärischer Kontrolle: durch eine gezielte staatliche Auftrags- und Subventionspolitik - die formell dem Verkehrsministerium oblag. Dagegen wehrte sich die Deutsche Versuchsanstalt für Luftfahrt (DVL), die zentrale amtliche Prüfstelle für die gesamte zivile Luftfahrt, die ihre Kompetenzen wohl nicht mit den Militärs teilen wollte. Das Waffenamt schlug zum Vergleich die Angliederung einer militärischen

Bauaufsicht an die Prüfungsabteilung der DVL "in der Art des Büro M"[2] vor. Die "Gruppe M" war ursprünglich die Abteilung für Motorenprüfung und Meßgerätebau der DVL[3]; die Reichswehr eignete sich diese Bezeichnung als Decknamen an, und ihre Vertreter übernahmen irgendwann im Jahre 1928 offenbar die Macht in den Räumen der Versuchsanstalt auf dem Berliner Flugplatz Johannisthal-Adlershof.[4] Steuergelder für den zivilen Flugverkehr flossen dort fortan auf dunklen Wegen in die Luftrüstung. "Büro 'M' ist eine Abteilung der Deutschen Versuchsanstalt für Luftfahrt", heißt es in einer Stellungnahme zu "Einrichtungen für L.Maßnahmen" der Luftfahrtabteilung des Waffenamtes. "Diese Abteilung ist von Lahn 6 F (Deckname) aufgezogen und führt als erste Versuchsgruppe praktische Versuche mit Fl.-Geräten (Flugzeuge, Flugmotoren, Bordgeräten) durch". Eine zweite Versuchsgruppe dieser Art sei bei der Flugzeugfirma Albatros (auch in Johannisthal-Adlershof) eingerichtet worden.[5]

Die DVL war gewissermaßen der "TÜV" der zivilen Luftfahrt; naturgemäß konnte das Eindringen der Militärs nicht lange geheim bleiben. "Was gehe übrigens in der Versuchsanstalt für Luftfahrt in Johannisthal vor?" fragte laut Protokoll der SPD-Abgeordnete Schumann in der Sitzung des Reichshaushaltsausschusses am 1. Februar 1928, die sich mit dem Etat des Verkehrsministeriums befaßte. Die Ausgaben dort seien völlig außer Kontrolle geraten, Steuergelder würden für militärische Spielereien verschwendet statt für die Entwicklung moderner Verkehrsflugzeuge.[6] Zwei Tage später informierte der Abgeordnete Krüger, ebenfalls SPD, denselben Ausschuß über eine gewisse Abteilung M bei der Deutschen Versuchsanstalt für Luftfahrt, die einen geheimen Militärflugplatz eingerichtet habe und deren Ausgaben tunlichst vom Etat des Verkehrs- auf den des Reichswehrministers übertragen werden sollten.[7] Diese Ausführungen sind später der Aufhänger für Walter Kreisers inkriminierte "Nachrichten" über die "Abteilung M" geworden, und sie sind in der Auseinandersetzung

---

2   Lt. Schreiben des Waffenamtes an das Truppenamt, 5.11.1926, Bundesarchiv/Militärarchiv Freiburg, RH 8 3604, Bl. 2 ff.

3   Lt. Jahresberichten der DVL 1918/19, Geheimes Staatsarchiv (PK) Berlin, Rep. 120, T 11, 2, 52, 2.

4   Lt. Bericht des Wa B. 6. über das Dienstjahr 1927/28, Bundesarchiv/Militärarchiv Freiburg, RH 8/V, 893.

5   Ebd., "Stellungnahme" von Lahn 6 F, 8.11.1927, RF-01, ehemaliger Bestand Potsdam, noch nicht registriert.

6   Protokoll der 311. Sitzung des Reichshaushaltsausschusses.

7   Protokoll der 312. Sitzung des Reichshaushaltsausschusses.

um das "Weltbühne"-Urteil ausführlich behandelt worden. Das Reichsgericht tat sie nicht zuletzt mit der Begründung ab, daß Haushaltsausschußsitzungen nach der gängigen Rechtsprechung **nicht** öffentlich waren.

Unberücksichtigt blieben damals wie in den derzeitigen juristischen Auseinandersetzungen um das Wiederaufnahmegesuch die Aussagen Krügers in einer öffentlichen Reichstagssitzung am 9. März 1929:

> Nun besteht, wie ich aus ganz sicherer Quelle erfahren habe, bei jener Versuchsanstalt eine Art **Überorganisation**. Sie ist zwar keine Behörde, spielt sich aber als solche auf. [...] Alle die Herren, mit denen ich im Laufe der Zeit sprechen konnte, haben mir gesagt: Was ist das für ein Ding, die Deutsche Versuchsanstalt für Luftfahrt? Man behandelt uns wie Leute, die nur zu parieren haben. [...] Wir wollen nur die rein zivile Luftfahrt unterstützen und fordern deshalb, daß bei dieser Stelle, die sich als Behörde aufspielt, Ordnung geschaffen wird. Solche Sachen soll man lieber dem Reichswehrministerium überlassen.[8]

Der Hinweis auf diese bisher unbekannte Reichstagsrede findet sich in Berichten, die das 2. Bureau des französischen Geheimdienstes regelmäßig über die Reichstagsdebatten in Deutschland anfertigte.[9] Studien, die der französische Militärattaché alle paar Monate über den Stand der illegalen deutschen Luftrüstung ablieferte, führten die DVL fortan als halbmilitärische Einrichtung. Im Februar 1928 wurde die Existenz eines speziellen Büros gemeldet, das die Ausrichtung der deutschen Flugzeugindustrie nach militärischen Interessen organisiere - damit konnte nur das "Büro M" gemeint sein.[10]

Die Abteilung M wurde vermutlich nur übergangsweise in Johannisthal-Adlershof stationiert. Der Flugplatz war damals schon völlig heruntergekommen, wie spätere Dokumentationen der DVL bezeugen.[11] Der Pachtvertrag für das private Gelände sollte 1929 ablaufen, und die Versuchsanstalt investierte kaum noch etwas für seine Instandhaltung, denn sie betrieb bereits seit Anfang der zwanziger Jahre den Umzug zu einem günstigeren Standort mit größeren Ausdehnungsmöglichkeiten. Ein geordne-

---

8   Protokoll der Reichstagssitzung vom 9. März 1929.
9   Service historique de l'Armée de Terre, Vincennes, 7N 2638.
10 Ebd., 7N 2618.
11 Siehe insbesondere Festschrift aus dem Jahr 1937, Archiv der Deutschen Forschungsanstalt für Luft- und Raumfahrt, Köln-Porz.

ter Flugbetrieb war in Johannisthal-Adlershof spätestens Mitte der zwanziger Jahre kaum noch möglich. Dennoch muß der Flugbetrieb in Johannisthal-Adlershof 1928 noch einmal für kurze Zeit Aufwind bekommen haben. Jedenfalls meldete der Oberpräsident der Provinz Brandenburg dem preußischen Ministerium für Handel und Gewerbe am 19.4.1928: "Infolge der Vergrößerung der Abteilung M der D.V.L. und der Errichtung einer Versuchsabteilung der Albatros-Flugzeugwerke hat der Flugbetrieb auf dem Landeplatz wesentlich zugenommen. Zur Zeit sind dort 50 Flugzeuge beheimatet."[12] Der französische Militärattaché hatte kurze Zeit vorher 49 Flugzeuge bei der DVL und 13 bei der Firma Albatros notiert.[13] Seinen regelmäßigen Berichten für das 2. Bureau waren übrigens genaue Beschreibungen einzelner Flugzeugtypen und manchmal auch Photos beigefügt. Im Laufe der Zeit müssen die Spannungen zwischen Militärs und Zivilen bei der DVL gewachsen sein: Am 1. November 1928 berichtete die geheime Luftfahrtabteilung beim Waffenamt, daß sich Dewitz, der Organisationsleiter der DVL, an die Seite des Direktors Sachsenberg von den Junkerswerken gestellt hatte und mit ihm den Bau von Verkehrsflugzeugen für den Export propagierte. Damit stellte er sich offen in Opposition zur Konzentration aller Kräfte auf militärische Projekte. Die Militärs empfanden das als persönliche Intrige und vermerkten sarkastisch: "Sachsenbergs goldenes Zeitalter ewigen Friedens liegt uns ferner denn je."[14]

Am 19. Oktober 1928 hatte schon Lahn "6 F" in seiner Aufstellung der Luftfahrteinrichtungen die Information korrigiert, daß das "Büro 'M'" eine Abteilung der DVL sei; handschriftlich ist über der eingeklammerten und teilweise gestrichenen Zeile ergänzt "nun Albatr. Johannisthal".[15]

2

Mehr als ein halbes Jahr später erwähnte der Luftfahrtexperte Walter Kreiser diese Vorgänge eher beiläufig in dem Artikel "Windiges aus der Deutschen Luftfahrt", im Rahmen einer ausführlichen Kritik an dunklen Subventionen für die deutsche Flugzeugindustrie und an der heimlichen Zweckentfremdung von Geldern aus dem zivilen Verkehrsetat für militä-

---

12 Ebd., Rep. 120, CM 52, Nr. 4, Bd. 1, S. 88 ff.
13 A. a. O., 7 N 2618.
14 Bundesarchiv/Militärarchiv Freiburg, RH 8 3593, 205 ff.
15 Ebd., RF-01, ehem. Potsdamer Bestand, noch nicht registriert.

rische Luft-Spielereien der Reichswehr. Er erinnerte an die bewußte kritische Anfrage des Abgeordneten Krüger vor dem Reichshaushaltsausschuß und behauptete, Groener habe die bewußte Abteilung danach auf der anderen Seite des Flugplatzes, auf dem Firmengelände der Albatroswerke versteckt und ihr den neuen Tarnnamen "Erprobungsabteilung Albatros" verpaßt. Sie besitze nach wie vor etwa 30 bis 40 Flugzeuge.[16] Nun offenbart schon der Blick auf einen zeitgenössischen Lageplan, daß auf dem kleinen Privatflugplatz im Stadtgebiet von Berlin faktisch nichts geheim zu halten war, zumindest kein umfangreicher Flugzeugpark.[17] Private Industriebetriebe umsäumten das übersichtliche Gelände, das auch von Sportfliegern genutzt wurde. Daß militärische Versuche auf dem Flugplatz wegen seines "halböffentlichen" Charakters faktisch unmöglich waren, mußte später im "Weltbühnen"-Prozeß auch der Vertreter des Reichswehrministeriums eingestehen. Deswegen habe man die Abteilung M bzw. Erprobungsabteilung Albatros nach Rechlin am Müritzsee verlagert, wo sie unter dem neuen Decknamen Reichsverband der Deutschen Flugzeugindustrie noch immer stationiert sei.[18] Der Rechliner Flugplatz war vermutlich derselbe, den der Abgeordnete Krüger 1928 in seinen Ausführungen über die Abteilung M gemeint hatte. Bei der mündlichen Überlieferung war es wohl zu einer Verwechslung von Rechlin und Röchlin gekommen. Als Kreisers Artikel erschien, erprobte die Firma Albatros ihre Flugzeuge jedenfalls schon in Rechlin und schickte von dort aus Ergebnisberichte an die Luftfahrtabteilung des Waffenamtes.[19]

Albatros war - wie alle deutschen Flugzeugfirmen - in den Augen des französischen Geheimdienstes ein Rüstungsbetrieb und wurde ständig beobachtet: Jedes einzelne Flugzeug wurde registriert und im Hinblick auf seine Kriegstauglichkeit analysiert, oftmals waren den Beschreibungen (die alle paar Monate aktualisiert wurden) Photos beigefügt.[20] Deswegen wohl blieb der angeblich so verräterische Artikel Kreisers gänzlich unbeachtet und findet auch in den französischen Geheimdienstberichten kei-

---

16 "Die Weltbühne", 12.3.1929.
17 Luftaufnahmen etc. im Archiv der Deutschen Forschungsanstalt für Luft- und Raumfahrt, Köln-Porz.
18 Nach stenographischen Aufzeichnungen Alfred Apfels (Service historique de l'Armée de Terre, Vincennes, 7N 2636).
19 Siehe Manfred Messerschmidt, 1992.
20 A. a. O., 7N 2618 ff., 2670.

nen Niederschlag, obwohl die "Weltbühne" zu den ständig ausgewerteten Journalen zählte.[21]

Eigentlich galt Albatros bereits 1928 als sterbendes Unternehmen, "als Überbleibsel einer großzügigen Kriegsindustrie", wie es der preußische Minister für Handel und Gewerbe im Juni 1928 formulierte.[22] Der Betrieb hielt sich nur noch mit Subventionen des Reichsverkehrsministeriums über Wasser, deren Verwendung vom Reichswehrminister diktiert wurden. Irgendwann im Laufe des Jahres 1929 muß die Reichswehrführung den Betrieb fallengelassen haben. Jedenfalls bezog sich der Präsident des Reichsverbandes der deutschen Luftfahrt-Industrie in einem Schreiben vom 1. Oktober 1929 schon auf laufende Verhandlungen darüber, "daß die Versuchs- und Erprobungsstelle, welche bisher durch die Firma Albatros getarnt wurde, ab 1. Oktober d. J. 1929 von dem Reichsverband der Deutschen Luftfahrt-Industrie durch Namenshergabe gedeckt werden soll."[23] Daß die Namensgebung zustande kam, bestätigte Jahre später im "Weltbühnen"-Prozeß der Vertreter des Reichswehrministeriums.[24] Mit der Firma Albatros ging es weiter rapide abwärts. Im Laufe des Jahres 1930 versuchte der Reichsverkehrsminister noch, das Werk zu retten; am 6. Mai 1931 jedoch drängte Groener persönlich darauf, den ehemaligen Partner fallen zu lassen: Albatros sei ein "durch und durch kranker Körper", dem allzu reichlich Subventionen zugeflossen seien.[25] Gegen seinen Willen wurde die finanzielle Unterstützung einer Fusion mit Focke (Bremen) beschlossen, weil die Verkehrsfliegerschulen auf Albatros-Modelle eingespielt waren. Der Reichswehrminister stimmte nur unter der Bedingung zu, daß keine Mittel aus dem Verkehrsetat eingebracht würden, "die eine Schmälerung der für Rüstungszwecke vorgesehenen Entwicklungen und Beschaffungen zur Folge haben".[26]

3

Die Entwicklung Rechlins zum zentralen Standort der illegalen deutschen Luftwaffe, von wo aus ungestört Flugzeuge weiter gen Osten fliegen

---

21 Ebd., 7N 2620.
22 A. a. O.
23 Bundesarchiv/Militärarchiv Freiburg, RH 12-1/39, Bl. 72 ff.
24 A. a. O.
25 Schreiben an den Reichsverkehrsminister, 6.5.1931, Bundesarchiv Koblenz, R 2/5595, fol. 1.
26 Ebd., Aktenvermerk, 9.6.1931.

konnten, ist wohl an Kreiser vorbeigegangen. In seinem Artikel ist jedenfalls keine Rede davon. Das "Weltbühne"-Urteil warf ihm später vor, feindliche Agenten auf die Spur jener Abteilung M gebracht zu haben. Wenn überhaupt, hatte er sie in die Irre geführt, zu einem Fossil von Militärflugplatz aus dem 1. Weltkrieg, der 1929 in die Bedeutungslosigkeit versank und erst im Zuge einer generellen Militarisierung aller gesellschaftlichen Bereiche nach 1933 wieder in die Kriegsvorbereitungen der Reichswehr einbezogen werden sollte.[27]

Im August 1929 eröffnete der Oberreichsanwalt die Voruntersuchungen gegen Ossietzky und Kreiser. Er hegte wohl selbst Zweifel, ob ein Strafverfahren juristisch haltbar war. Die Ermittlungen dümpelten noch bis zum nächsten Sommer ziemlich ziellos vor sich hin. Das Jahr 1930 brachte dann das Präsidialkabinett unter Reichskanzler Brüning und mit ihm die forcierte Auflösung der schwachen demokratischen Strukturen der Weimarer Republik. Treibende Kraft dieser Entwicklung war für Ossietzky das Militär, das mit Macht in die Politik drängte und sie in ihrem Sinne zu steuern suchte. Dazu gehörte die forcierte Ausschaltung jedweder Kritik an der Reichswehrführung und ihrer illegalen Rüstungspolitik. In dieser Zeit liefen die Vorbereitungen für den "Weltbühnen"-Prozeß auf Hochtouren. General Groener drängte massiv darauf, daß der Prozeß gegen die "Weltbühne" durchgezogen wurde und daß ein Präzedenzfall geschaffen wurde: ein "warnendes Beispiel auch für andere Journalisten", wie es der Ankläger später in seinem Schlußplädoyer formuliert hat.[28]

Aber der Oberreichsanwalt zauderte noch, denn im Vorfeld des Prozesses war immer wieder bezweifelt worden, daß Kreiser tatsächlich militärische Geheimnisse verraten hatte - war doch die illegale Produktion und Erprobung von Militärflugzeugen in der Sowjetunion ein heiß diskutiertes Thema der späten zwanziger Jahre. Skandalenthüllungen über verschwenderische Subventionen für die heimliche Luftrüstung waren auch dem Ausland nicht verborgen geblieben. Auf Betreiben von Ossietzkys und Kreisers Verteidigung wurde dazu ein Gutachen des Auswärtigen Amtes[29] eingefordert. Dessen zuständiger Referent, Konsul Schulz-Sponholz, kam

---

27 Siehe Festschrift der DVL, 1937, a. a. O.
28 Stenographische Aufzeichnungen Apfels, a. a. O.
29 Die Korrespondenz des Auswärtigen Amtes zu dieser Angelegenheit befindet sich im Politischen Archiv des Auswärtigen Amtes, Bonn, Rechtssachen spec.: Strafverfahren wegen Landesverrats gegen Walter Kreiser und Carl von Ossietzky, Bd. 1 - 3.

am 17.10.1930 zu dem Schluß, daß der Artikel wenig Neues enthielt. Vom Gegenstand der Anklage blieben ganze 20 Zeilen übrig, die von der bewußten "Abteilung M" handelten. Über sie konnte der Konsul nicht mit Bestimmtheit sagen, ob sie bereits bekannt war: "Man wird aber kaum behaupten können, daß das wenige, was Kreiser darüber behauptet hat, in Luftfahrtkreisen ein Geheimnis war."[30] Im offiziellen Gutachten des Auswärtigen Amtes hieß es denn auch lapidar und unverbindlich:

> Nach Ansicht des A. A. kann aus den vom Abgeordneten Krüger (Merseburg) in der Sitzung des Haushaltsausschusses des Reichstages vom 3. Februar 1928 gemachten Ausführungen über die Abteilung M des Reichsverkehrsministeriums nicht entnommen werden, daß die in dem Artikel 'Windiges aus der deutschen Luftfahrt', Unterabschnitt: "Abteilung M" in Nr. 11 der Zeitschrift: "Die Weltbühne" vom 12. März 1929 enthaltenen, über die Erwähnung der Vorgänge in Haushaltsausschüssen des Reichstages hinausgehenden Nachrichten zur Zeit ihrer Veröffentlichung nicht mehr geheim gewesen sind.[31]

Das Auswärtige Amt verweigerte fortan beharrlich eine eindeutige Stellungnahme im Sinne des Reichswehrministeriums.

4

Heute weiß man, daß der französische Geheimdienst das kurze Zwischenspiel der heimlichen deutschen Luftwaffe in Johannisthal-Adlershof registriert hatte, bevor der inkriminierte Artikel erschien. Es fand ja gleichsam auf dem Präsentierteller statt, in der Reichshauptstadt, deutlich sichtbar für alle Geheimdienste der Welt. Letztlich ging es dem Reichswehrministerium eben nicht um die Geheimhaltung der mehr oder weniger offen betriebenen Aufrüstung vor dem Ausland, sondern um die Mundtotmachung jedweder Kritik daran im eigenen Lande. Dabei wurde der Reichsjustizminister mehr und mehr zur Marionette der militär-politischen Führung, wie eine Akte "Landesverrat" aus dem Reichsjustizministerium offenbart.[32] Sie enthält die Korrespondenz über ein generelles Maulkorbgesetz, das General Groener gegen all jene erlassen haben wollte, die Deutschlands Verstöße gegen den Versailler Vertrag zu kritisieren wagten. Der Reichsjustizminister kreierte wunschgemäß den Entwurf für ein "Sondergesetz gegen die Gefährdung der Auslandsbeziehungen". Bestraft

---

30 Vermerk, a. a. O.
31 28.2.1931, a. a. O.
32 22437-7512/7513.

werden sollte danach, wer militärische Nachrichten "tatsächlicher Art" verbreitete, die "geeignet sind, gegen das deutsche Reich den Vorwurf einer Verletzung seiner völkerrechtlichen Verpflichtungen zu begründen." Dabei waren nicht nur Nachrichten über militärische Einrichtungen im eigentlichen Sinne gemeint, sondern auch solche über irgendwelche "Tatsachen", die vom Staat, der Bevölkerung oder der Natur geschaffen worden und in das Verteidigungskonzept einbezogen waren.[33]

Eine solche gummiartige Ausdehnung des Geheimnisbegriffs öffnete der willkürlichen juristischen Interpretation naturgemäß Tür und Tor. Dennoch: die Vorlage des Justizministers reichte dem Reichswehrminister Groener offenbar nicht aus. In einem Schreiben vom 30. Oktober 1930[34] mahnte er den anderen, wirksamere strafgesetzliche Maßnahmen gegen das "Denunziantentum" zu ergreifen. Verleumdungen über Verstöße der Reichswehr gegen den Versailler Vertrag hätten sich zu einer planmäßigen Kampagne gegen die deutsche Außenpolitik entwickelt. Der Mangel der bisherigen Strafgesetzgebung bestehe darin, daß sie das Reich nur gegen den "Verrat von Geheimnissen" schützte, strafbar sei also lediglich die erstmalige Preisgabe einer bisher geheimen Tatsache. Die gerate aber gewöhnlich auf dem Weg der Spionage, in unbeachteten Meldungen kleiner ausländischer Blätter oder durch Reichstagsabgeordnete ans Licht. "In vielen Fällen liegt aber die gefährliche außenpolitische Wirkung gar nicht in der erstmaligen 'Enthüllung' einer Tatsache, sondern in der Art und Weise ihrer Verbreitung."[35] Im Kern ging es also darum, zu verhindern, daß weitere Kreise der Öffentlichkeit auf die illegale deutsche Aufrüstung aufmerksam gemacht wurden:

> Den Pazifisten, die das Recht der öffentlichen Bekämpfung von Gesetzeswidrigkeiten für sich in Anspruch nehmen, würde eine wesentliche Grundlage entzogen, wenn sie sich nicht mehr allein gegen den Vorwurf der Preisgabe von Geheimnissen, sondern gegen die Anklage wegen öffentlicher Anschwärzung ihres Vaterlandes verteidigen müßten.

Verzichtet werden sollte auf Wunsch des Wehrministers auch auf die bisherige Unterscheidung zwischen wahren und unwahren Tatsachen: der Schaden, der durch die "Propaganda" über Vertragsverletzungen angerich-

---

33 Ebd.
34 Ebd.
35 Ebd.

tet werde, sei derselbe.[36] Noch erwartete General Groener Schwierigkeiten bei der Durchsetzung seiner Gesetzesvorlage im Reichstag. Denn die angeregte Strafvorschrift "richtete sich", wie er selbst in einem Schreiben an den Justizminister zugab, "bis zu einem gewissen Grade gegen die Freiheit der Meinungsäußerung", auch ohne daß damit eine Verfassungsänderung verbunden sein müßte. Sein Amtskollege reagierte prompt und berief am 15. November eine Besprechung "auf höchster Ebene"[37] ein, an der auch Brüning und Hindenburg teilnahmen und auf der Groener unverblümt eine "Waffe" gegen die öffentliche Kritik an illegalen deutschen Rüstungsmaßnahmen forderte - auch wenn sie bereits im Ausland bekannt waren.[38] Er wies dabei ausdrücklich auf eine Pressekampagne gegen den Wehretat 1929/30 hin und erwähnte dabei auch die "Weltbühne". Anfang 1931 erbrachte eine zweite Sitzung einen Entwurf für ein "Gesetz gegen staatsgefährdende Mitteilungen":

> Wer durch Fälschungen oder Verfälschungen Gegenstände, deren Geheimhaltung vor einer ausländischen Regierung im Falle der Echtheit für das Wohl des Reiches erforderlich wäre, in der Absicht herstellt, sie einer ausländischen Regierung bekanntzumachen oder öffentlich mitzuteilen, wird mit Zuchthaus bis zu zehn Jahren bestraft. Ebenso wird bestraft, wer Gegenstände oder Nachrichten, von denen er weiß, daß sie falsch sind, und deren Geheimhaltung vor einer ausländischen Regierung im Falle der Echtheit oder Wahrheit für das Wohl des Reiches erforderlich wäre, einer ausländischen Regierung bekanntmacht oder öffentlich mitteilt, ohne sie als falsch zu bezeichnen.[39]

Der Reichsjustizminister selbst trieb nun die Sache voran, indem er dem Reichskanzler empfahl, die Strafgesetze gegen Landesverrat schlagkräftiger und "biegsamer" zu gestalten. Er schlug einen Initiativantrag der regierenden Parteien oder eine entsprechende Notverordnung vor. Wegen der politischen Dynamik einer solchen Maßnahme riet er - als Lockangebot für die Linke - eine Straffreiheit für die Preisgabe von verfassungsgefährdenden Staatsgeheimnissen zu garantieren, "wenn die Gefahr [für die Verfassung] tatsächlich bestand".[40] Fortan drängte Groener unentwegt auf verschärfte Maßnahmen gegen das "Denunziantentum", er forderte un-

---

36 Ebd.
37 Vermerk o. d. genannte Besprechung, a. a. O.
38 Ebd.
39 zitiert nach Vermerk vom 13.1.1931, a. a. O.
40 Schreiben, Januar 1931, a. a. O.

verblümt ein Verbot von Zeitschriften, Kundgebungen, Plakaten und Flugblättern, die sich gegen Deutschlands "Geheimrüstungen" richteten.[41]

Gleichzeitig liefen die Vorbereitungen für den "Weltbühnen"-Prozeß auf Hochtouren; im März 1931 kam endlich eine Anklageschrift zustande, für die der Oberreichsanwalt mehr als zwei Jahre gebraucht hatte. Sie lautete auf versuchten Landesverrat und versuchte Spionage. Die Hauptverhandlung vor dem Reichsgericht wurde auf den 8. Mai 1931 festgelegt, aber der Termin platzte, weil das Auswärtige Amt trotz mehrfacher Aufforderung keinen Sachverständigen entsandt hatte, wie es die Verteidigung forderte und der Oberreichsanwalt - noch - für nötig hielt. Die Vertreter der deutschen Außenpolitik wollten sich wohl nicht in einen Prozeß hineinziehen lassen, der vor aller Welt offenbaren würde, daß Deutschland ohne Rücksicht auf internationale Verträge aufrüstete. Jedenfalls verweigerten sie zunächst standhaft, sich auf einen neuen Termin festlegen zu lassen.[42] Das Reichswehrministerium antwortete mit massivem Druck. Generalmajor Schleicher war es, der das Auswärtige Amt am 7. Juli zu einer einheitlichen Linie "im Kampf gegen den Verrat militärischer Geheimnisse, Landesverrat und das Denunziantentum" mahnte.[43] Staatssekretär von Bülow reagierte devot: Auch er wünsche, daß es gelinge, "den Kampf gegen das Verrätertum so zu gestalten, wie es die Interessen des Reichs insbesondere auf dem Gebiete der Reichsverteidigung erfordern".[44]

Bei einer Regierungsumbildung im Oktober 1931 konnte Groener seine Macht weiter ausdehnen: Er übernahm neben dem Wehrministerium auch das Innenressort. Das bedeutete faktisch, daß der General alle Gewaltmittel des Reiches beherrschte: das Militär, die Polizei, die Beamtenpolitik, den Verfassungsschutz und damit die Handhabung der Geistesfreiheit in der sich auflösenden Republik. Der General verkörperte nunmehr in Personalunion die Ressorts Inneres und Krieg. Er begann flugs ein Antiterror-Gesetz und ein allgemeines Demonstrationsverbot in die Wege zu leiten, die sich naturgemäß vor allem gegen Links richteten. Auch das bewußte Maulkorbgesetz gegen Militärkritiker wurde akuter denn je. Ossietzky thematisierte das Ende Oktober in seinem Leitartikel "Die beiden

---

41 Schreiben vom 18.5.1931, a. a. O.
42 Korrespondenz, a. a. O.
43 Ebd.
44 Ebd., Schreiben 16.07.1931.

Groener": Das Maulkorbgesetz werde nur noch durch gewisse Ressortstreitigkeiten blockiert.[45]

Einen Monat später kam es dann bekanntlich zu jenem berühmten Prozeß vor dem Reichsgericht, der Kreiser und Ossietzky je 18 Monate Gefängnis einbrachte. Das Urteil löste eine Welle der Empörung im In- und Ausland aus; es wühlte auf, was das 2. Bureau und mit ihm andere Geheimdienste stillschweigend geduldet hatten: Daß Deutschland heimlich eine Luftwaffe aufbaute. Es war der "Weltbühnen"-Prozeß von 1931 - nicht der inkriminierte Artikel von 1929 - der im Februar 1932 die Teilnehmer der Abrüstungskonferenz in Genf bewegte und die Deutsche Delegation in äußerste Verlegenheit brachte.[46]

In dieser Zeit veröffentlichte das nationalistische "L'Echo de Paris" eine Artikelserie über den Prozeß mit Auszügen aus geheimen Gerichtsdokumenten und aus der bewußten stenographischen Mitschrift Alfred Apfels, die vermutlich über Kreiser und den pazifistischen Publizisten Carl Mertens nach Paris gelangt war.[47] Ossietzky, der in Deutschland ausgeharrt hatte und um eine Wiederaufnahme kämpfen wollte, geriet dadurch in höchste Verlegenheit. Die deutsche Rechtspresse führte die französische Kampagne als Beweis für ein Bündnis der deutschen Pazifisten mit dem Erzfeind vor. Am 8. März 1932 antwortete die "Weltbühne" mit einem Artikel: "Die Verschwörung der deutsch-französischen Rechten" von W. Colepepper. Der wies auf den Hintergrund der ambivalenten Reaktion Frankreichs auf die deutsche Luftrüstung: Während in Genf "T h e a t e r - d u e l l e" zwischen der deutschen und französischen Delegation vorgeführt würden, bauten die Rüstungsindustrien beider Länder in aller Stille gemeinsame Kartelle auf, die durchaus an einer teilweisen Wiederaufrüstung Deutschlands unter Beteiligung der französischen Wirtschaft interessiert waren.

Spiegelfechtereien über die "geheime" deutsche Luftwaffe legitimierten den französischen Militarismus. Nur so ist es zu erklären, daß Frankreich niemals ernsthaft gegen "heimliche" Manöver vorging, die seit 1927 unter dem fröhlichen Namen "Organisationskriegsspiel" an der deutschen Westgrenze durchgezogen wurden und bei denen die ansehnliche deut-

---

45   "Die Weltbühne", 27.10.1931.
46   Korrespondenz des Auswärtigen Amtes hierzu a. a. O.
47   A. a. O.

sche Luftflotte bereits eine zentrale Rolle spielte. Die Berichte des 2. Bureau darüber, in denen Männer, Pferde und Flugzeuge im einzelnen vermerkt und beschrieben wurden, erfüllten wohl vor allem *einen* Zweck: dem französischen Kriegsministerium Munition für die Rüstung im eigenen Land zu liefern. Im Fall Ossietzky jedenfalls verweigerte Frankreich Ossietzky, dem Verfechter einer strikten Einhaltung des Versailler Vertrages in Deutschland, seine Unterstützung. Im Archiv des französischen Verteidigungsministeriums findet sich ein Vermerk vom 25. Januar 1932, nach dem der französische Sozialist Guernut das 2. Bureau um Unterstützung bei der Befreiung Ossietzkys gebeten hatte: Kanzler Brüning habe Guernut versprochen, den Verurteilten zu begnadigen, wenn nachgewiesen werden könne, daß jene Abteilung M bereits vor dem Erscheinen des inkriminierten Artikels in Frankreich bekannt gewesen sei. Guernut habe das 2. Bureau gefragt, ob er eine entsprechende Erklärung abgeben könne. Handschriftlich ist die Antwort notiert: "[...] Wenn wir sagen, daß wir es wußten, müssen wir auch unsere Beweise offenlegen. Der Kanzler könne in dieser Angelegenheit Herrn G. und die französische Abteilung der Liga für Menschenrechte über die deutsche Liga aktivieren." - "Entscheidung des General M.: nicht antworten."[48]

General Groener wertete das "Weltbühne"-Urteil als höchstrichterliche Bestätigung seines innenpolitischen Kurses, als Speerspitze gegen die geistige Opposition: "Ich stehe nicht an", erklärte er am 29. November - nunmehr in aller Öffentlichkeit - in der rechtskonservativen "Deutschen Allgemeinen Zeitung", "daß ich außerordentliche gesetzliche Maßnahmen gegen diese Staatsverleumder für erforderlich halte." Daß der "Weltbühnen"-Prozeß weit über zwei Jahre gebraucht hatte, bis er zu einem siegreichen Ende für die Staats- und Militärmacht geführt hatte, war ihm Beweis für die Unzulänglichkeit der Verfassung:

> Bisher hatte jeder Versuch des Staats, der gefährlichsten außenpolitischen Verleumdungspropaganda einen Riegel vorzuschieben, genügt, einen Entrüstungssturm derjenigen auszulösen, die in ihrem hemmungslosen Haß gegen alles Militärische die Grenzen zwischen Kritik, Hetze und Verrat nicht mehr erkennen.

Ossietzky antwortete am 8. Dezember in dem "Weltbühne"-Artikel "Offener Brief an Reichswehrminister Groener":

---

48   A. a. O., 7N 2636.

> Zu meinem Bedauern kann ich nicht verhehlen, daß Ihre Bezugnahme auf
> unsern Prozeß von herzlich wenig Noblesse zeugt. Ein kämpfender Skribent
> meiner Sorte hat ein sehr ausgeprägtes Ehrgefühl, das dem eines alten Sol-
> daten nicht nachsteht. Der Leipziger Prozeß hat im Dunkeln stattgefunden.
> Deshalb nicht zum geringsten die Sensation, die er überall erregt hat. Die
> Öffentlichkeit weiß nur das Faktum der Verurteilung, die Begründung bleibt
> ihr vorenthalten, von dem Gegenstand des Verfahrens kennt sie kaum ver-
> schwommene Umrisse. Und diesen in der Dunkelkammer exekutierten Pro-
> zeß nehmen Sie zum besondern Anlaß, nicht nur um ein Gesetz zu fordern,
> das die gesamte Presse unter Kuratel bringt, sondern auch um die Verurteil-
> ten, die schweigen müssen, die kaum mit der linken Hand fechten können,
> als höchst dubiose Figuren hinzustellen. [...] Sie haben es sich zu einfach
> gemacht, Herr Minister, Sie setzen Pazifismus gleich Vaterlandsverrat. Aber
> etwas andres als der Pazifismus steht hier zur Debatte, nämlich die Frage,
> ob die Deutsche Republik bürgerlich oder militärisch regiert werden soll.
> [...] "Staatsverleumdung!" rufen Sie, Herr Minister, und dieser Begriff ist so
> weit gefaßt, daß jede Kritik damit getroffen werden kann, jede Bemühung,
> eine Dummheit subalterner Wichtigmacher und blindwütiger Organisier-
> hengste zu bremsen. Sogar die Wahrheit kann als "Verleumdung" verfolgt
> werden, wenn sie militärischen Ressortgeheimnissen widerspricht, deren
> Aufdeckung der außenpolitischen Vernunft dienlicher sein kann als ihre
> Vertuschung. Und was schließlich die alljährlichen Schlägereien um das
> Reichswehr-Budget angeht - L'état c'est moi! sagen Sie und übersetzen das,
> vom Brauch etwas abweichend: Der Etat bin ich! Was diese kleine Abwei-
> chung bedeutet, hat unser Prozeß gezeigt.

Im Laufe des Jahres 1932 sollten Groener und wenig später Kanzler
Brüning durch eine neue militärische Führungsgarnitur entmachtet werden. Kurt von Schleicher, der ehemalige politische Leiter im Reichswehrministerium und Betreiber einer verschärften innenpolitischen Gang-
art gegen die militärkritische Opposition, vereinte bis Ende Januar 1933
Kanzleramt und Wehrministerium in seinen Händen, strebte einen autori-
tären Staat unter Führung der Reichswehr an und machte die Verfassung
zu einem nutzlosen Stück Papier. Dann schob Generalfeldmarschall von
Hindenburg auch ihn zur Seite: Neuer Kanzler der zur Wehrlosigkeit ent-
demokratisierten Republik wurde Adolf Hitler. Es begann Ossietzkys
Odyssee durch die Konzentrationslager. Seine Inhaftierung wurde vor
dem Ausland immer wieder damit begründet, daß er ja schon zu Zeiten
der Republik als Landesverräter entlarvt worden war.[49]

---

49 Der Aufsatz konzentriert sich auf den zentralen Gesichtspunkt des frei gehaltenen
   Vortrags.

Die Weltbühne

Der Schaubühne XXVIII. Jahr

Wochenschrift für Politik · Kunst · Wirtschaft

Begründet von Siegfried Jacobsohn

Unter Mitarbeit von Kurt Tucholsky
geleitet von Carl v. Ossietzky

Inhalt:

Erscheint jeden Dienstag

XXVIII. Jahrgang   10. Mai 1932   Nummer 19

Versandort Potsdam

Verlag der Weltbühne

Charlottenburg · Kantstrasse 152

Michael Hepp

"Jede Zeit hat den Satiriker, den sie verdient" oder: Kurt Tucholsky und die beleidigte Reichswehr

> Sie sind ermordet worden. Denn man soll sich doch ja abgewöhnen, einen Kollektivtod anders als mit den Worten des Strafgesetzbuches und der Bibel zu bezeichnen, die beide die gewaltsame Tötung eines Menschen durch den Menschen verhindern wollen. Mord bleibt Mord, auch wenn man sich vorher andere Kleider anzieht, um ihn zu verüben.
>
> Ignaz Wrobel[1]

Kaum ein Schriftstellerwort hat so heftige Reaktionen ausgelöst wie Tucholskys "Soldaten sind Mörder", kaum ein Satz eine so große Wirkung, die seit 65 Jahren anhält, obwohl sich Tucholsky bekanntlich beklagte, daß er Erfolg, aber keinerlei Wirkung habe, und sich grämte, weil er auch nicht einen Schutzmann oder Richter von seinem Platz bekommen hat und keinen General in die Pension schicken konnte. Selbst Zolas berühmtes "J'accuse" oder Victor Hugos "Entehren wir den Krieg!" - zu deren Tradition sich Tucholsky bekannte - hatten nicht diese Resonanz, die wir immer noch verfolgen können: wochenlanger Presserummel, Gerichtstermine, Bundestagsdebatten, Demonstrationen, Gesetzesentwürfe ... An den drei Worten scheiden sich die Geister. Das Zitat beschäftigt seither Militaristen wie Pazifisten, Soldaten wie Wehrdienstverweigerer, Reichstags- wie Bundestagsabgeordnete, Reichswehr- wie Verteidigungsminister, Reichs- wie Bundespräsidenten, Amts-, Land- und Oberlandesgerichte bis hin zum Bundesverfassungsgericht sowie Journalisten und Publizisten im In- und Ausland. Während die einen den Satz auf Transparenten, Tassen und Aufklebern durch die Republik tragen, bezeichnen ihn andere als "Symptom geistigen Schwachsinns" (der Tucholsky-Biograph Klaus-Peter Schulz) oder als "diskriminierenden Schwachsinn aus dem Munde eines Landesverräters" (so 1994 ein bayerischer Bürgermeister bei der Rekrutenvereidigung).

---

1   Eine Schreckenskammer, Das Andere Deutschland, 28.11.1925. GW 4, S. 268.

Inzwischen hat der Streit um das Tucholsky-Zitat europäische Dimensionen angenommen: Stellte sich der liberale Historiker Mac Weller von der Universität Cambridge in der ZEIT hinter den Satz und schrieb ihn auch ohne die hierzulande inzwischen erforderlichen Gänsefüßchen, warf ihm zwei Wochen später der konservative Historiker Joseph Rovan von der Sorbonne eine intellektuell unsolide Betrachtung vor und forderte energisch: "Soldaten müssen gegen den Mördervorwurf gesetzlich geschützt werden."

Wieder einmal wird deutlich, daß Tucholsky auch hier - wie fast sein ganzes Leben lang - zwischen allen Stühlen sitzt. Interessant ist dabei, daß die Hintergründe des Zitats kaum bekannt sind, also praktisch eine Geisterschlacht im geschichtsleeren Raum stattfindet. Der Satz wird von Gegnern wie Befürwortern gleichermaßen instrumentalisiert, er ist zu einem Schlagwort - besser: Erschlagwort - verkommen. Aus diesem Grund soll hier versucht werden, die historischen Linien aufzuzeigen und damit deutlich zu machen, wie wichtig es auch heute noch nicht nur für Politiker ist, zumindest über ein Minimum an Informationen zu verfügen.

1

Doch zunächst: Wer war dieser Kurt Tucholsky, der hinter dem Schlagwort vom Mörder-Soldaten fast verschwunden ist? Tucholsky war und ist einer der meistgelesenen Autoren der Weimarer Republik. Die Auflage seiner Werke beträgt inzwischen rund neun Millionen. 1934 bezeichnete er sich selbst rückblickend als einen der bestverdienenden Journalisten Deutschlands. Sein Witz, seine sprachliche Brillanz, seine Klarsicht bestechen noch immer. Tucholsky, der beißende Satiriker, der verspielte Dichter und Chansonschreiber, der meisterhafte Literaturkritiker, der zornige Ankläger von Militarismus, Klassenjustiz, Behördenwillkür und Ausbeutung, ist teilweise heute genauso aktuell wie damals; man möchte dazusagen: leider!

Im *Lexikon Linker Leitfiguren* findet man Tucholsky neben Che Guevara, Lenin und Trotzki. Er war Mitglied der USPD und der Friedensgesellschaft, Vorstandsmitglied der 'Gruppe revolutionärer Pazifisten' und der 'Liga für Menschenrechte', Wilhelm Pieck holte ihn 1927 sogar in den Zentralvorstand der 'Roten Hilfe Deutschland', und für die kommunistische AIZ schrieb er auch. Trotzdem blieb er für die DDR-Lexika nur ein linksbürgerlicher Schriftsteller an der Seite der Arbeiterklasse, der aber den letzten Schritt nicht schaffte und deshalb in der Einsamkeit verzweifelte und sich schließlich umbrachte. Daß Tucholsky im Westen dagegen eine Ikone der sogenannten 68er Revolution war, muß nicht extra betont werden: Der linke Pamphletist, der prophetische Warner, der leidenschaftliche und bissige Kritiker, der moralische Zeigefinger der Weimarer Demokratie, der scharfzüngige Chronist einer Epoche, der heute noch so aktuell ist - so haben wir ihn lieben gelernt und verehrten ihn auf den Altären unserer aufrechten Gesinnung.

Tucholsky also eine "rote Socke"?

Da muß unser Bundeskanzler aber gut aufpassen, daß er von der "linken Bazille" nicht heimlich infiziert wird. Denn in einem ZEIT-Gespräch hatte Helmut Kohl vor einigen Jahren berichtet, daß er immer einen Band Tucholsky im Urlaubsgepäck habe. Aber auch gestandene Kapitalisten bekommen beim dritten Glas Rotwein leuchtende Augen, wenn sie beispielsweise Tucholskys Geschichten "Ein Ehepaar erzählt einen Witz" oder "Herr Wendriner betrügt seine Frau" vorlesen (und gar nicht merken, daß sie meist selbst gemeint sind). Außerdem: Sprach ihm Walter Victor im "Tucholsky-Lesebuch" nicht die politische Kompetenz ab? Hermann Kesten stellte ihn gar als politisch unaktuellen, entgifteten "Berliner Volkskomiker" dar.

Tucholsky also lediglich ein Spaßfabrikant, ein Erfinder von lustigen Geschichtchen und Gedichtchen, der nicht weiter ernst zu nehmen ist?

Max Brod, Paul Sethe, Golo Mann, Erich Gottgetreu, Hans Reinowski - in jüngster Zeit wieder Graf Vitzhum und Klaus-Peter Schulz - um nur einige zu nennen, lasteten andererseits Tucholsky, der nach Meinung einiger lediglich Volkshumorist war, an, daß er erheblich mitschuldig gewesen sei am Untergang der Weimarer Republik. Tucholskys angeblicher radikaler Haß auf alles Deutsche, sein vorgeblicher "jüdischer Selbsthaß", sein fehlender Respekt vor allem und jedem, seine Witzchen und Späßchen über die zwar unvollkommenen, aber dennoch aufrechten Politiker usw. hätten der kämpfenden Republik das Rückgrat gebrochen, so daß sie schließlich nur noch zu Hakenkreuze habe kriechen können. Der "Spiegel kann nichts dafür, wenn er der Jungfrau anzeigt, daß sie schwanger ist", hielt Tucholsky allerdings schon 1920 seinen Kritikern entgegen.

Tucholsky also ein Totengräber der Demokratie oder doch eher ein deutscher Patriot? Ein Kämpfer gegen Unterdrückung und Ausbeutung oder "proletarische Mimikry des zerfallenen Bürgertums"? Tucholsky, ein "Urbild der Vaterlandslosigkeit", ein "moralisch Toter", wie die Nazis schrieben? Oder Tucholsky, ein guter Deutscher? Der "penetranteste jüdische Spötter" oder jüdischer Antisemit? Ein begeisterter "kleiner Reserveleutnant", der "während des Krieges in Scherls Tag (konservative Tageszeitung in Kriegsgedichten machte und gar noch bei den Oberschlesienkämpfen literarischer Konjunkturritter war" oder ein unermüdlich vor dem Militarismus warnender Pazifist? Der "begabteste aller deutschen Polemiker", nur verliebt in seine Sprache? Oder der Kämpfer "mit Haß aus Liebe", wie er sich selbst bezeichnete? Tucholsky der Kommunist oder der heimliche Propagandist der Nazis? Tucholsky, der hellsichtige Prophet oder der genußsüchtige Träumer, verhaftet in der Vorstellungswelt der deutschen Romantiker? Nichts davon oder von allem etwas? - Nichts davon - und von *fast* allem etwas.

Wer also war Dr. jur. Kurt Tucholsky, geboren am 9. Januar 1890 in Berlin, gestorben am 21. Dezember 1935 in Göteborg/Schweden? Wer war dieser Mann, der sich auch Peter Panter, Theobald Tiger, Kaspar Hauser und Ignaz Wrobel nannte?

Nach Zeitzeugenschilderungen und Biographen war Tucholsky "ein kleiner Dicker" (Erich Kästner); "klein war Tucholsky nicht und dick war er nur manchmal" (Axel Eggebrecht); er "wirkte wie ein Mann von Welt. Er hätte als Botschafter ausgezeichnete Figur gemacht" (Josef Halperin); er "ist, wie alle Neu-Berliner, aus Krotoschin in Galizien, wo man mit der linken Hand den Hintern kratzt und mit der rechten Hand in der Nos bohrt" (Ludwig Thoma); "er war einer der preußischsten Preußen, die mir je begegnet sind. [...] Er hatte ungewöhnlich gute Manieren. Der junge Tucholsky war ein vollendeter Gentleman" (Heinz Ullstein).

So könnte man jedes Detail seiner Biographie durchgehen. Hatte Tucholsky dies bereits vorausgeahnt, als er schrieb: "Alles ist richtig, auch das Gegenteil ..."? Es ist nicht leicht, Tucholsky einzukreisen, ein klares Bild zu zeichnen. Je mehr man sich ihm nähert, desto mehr entzieht er sich, desto widersprüchlicher wird das Bild. Wie in einem Zerrspiegel bilden sich die unterschiedlichsten Formen: verschwommen, zerrissen - Vexierbilder eines Lebens.

2

"Soweit ich mich erinnere", hatte er in einer ironischen Autobiographie geschrieben, "wurde ich am 9. Januar 1890 als Angestellter der Weltbühne zu Berlin geboren". Schon seit 1907 wurden seine Feuilletons, Theaterbesprechungen, Glossen in verschiedenen Zeitungen und Zeitschriften wie 'Vorwärts' und 'Simplizissimus' veröffentlicht. 1912 erschien *Rheinsberg. Ein Bilderbuch für Verliebte*, das ihn schnell bekannt machte. 1913 wurde er ständiger Mitarbeiter der 'Schaubühne', die 1918 auch unter seinem Einfluß in 'Weltbühne' umbenannt wurde und bis 1933 das zentrale Blatt der linksbürgerlichen Intellektuellen blieb.

In bürgerlichem Wohlstand aufgewachsen, promovierte Tucholsky 1915 zum Dr. jur. und mußte bald darauf an die Ostfront, wo er sich als Redakteur einer Feldzeitung einen sicheren Druckposten besorgte. Auf die Revolution von 1918 reagierte er zunächst verschreckt und zögernd, bald aber engagierte er sich in linken Parteien und Organisationen. Die ersten Jahre der Republik waren Tucholskys produktivste Zeit. Das ganze Ausmaß seiner "Arbeitswut" wird erst erkennbar, wenn man beispielsweise sieht, was er neben seiner Tätigkeit als Chefredakteur beim 'Ulk', der satirischen Beilage des 'Berliner Tageblatt', noch alles gemacht hat. Aus den Jahren 1919 und 1920 sind bisher je rund 250 Titel bekannt, also durchschnittlich fünf Artikel oder Gedichte pro Woche. Hinzu kommen zahlreiche Chansons, die er ab 1919 für verschiedene Bühnen schrieb, und mindestens ein Theaterstück für Reinhardts Großes Schauspielhaus, das am 9. Februar 1920 uraufgeführt wurde. In derselben Zeit erschienen die Gedichtsammlung *Fromme Gesänge* (1919) und die *Träumereien an preußischen Kaminen* (1920). Zudem trat Tucholsky verschiedenen Organisationen als Mitglied bei und übernahm dort auch arbeitsintensive Funktionen. Er war Mitglied im 'Bund neues Vaterland' und im 'Friedensbund der Kriegsteilnehmer' und gehörte 1920 zu den Initiatoren des 'Nie-wieder-Krieg'-Aktionsausschusses. Am 1. März 1920 trat er in die USPD ein und beteiligte sich auch redaktionell in der Parteipresse. Im Juli 1920 übernahm er noch die Redaktion des gegen Polen gerichteten "Witzblattes" 'Pieron', mit dem die Regierung die geplante Volksabstimmung in Oberschlesien zu ihren Gunsten zu beeinflussen versuchte. Und im Herbst 1920 leitete er auf Anregung von Erich Mühsam eine Spendenaktion für die politischen Gefangenen im Bayern ein. Seine sehr umfangreiche Korrespondenz sei nur der Vollständigkeit halber ebenso erwähnt wie seine Lesungen Ende 1920 aus eigenen Schriften, diverse Reden und Auftritte in politischen Versammlungen und Reisen nach Hamburg, Mecklenburg, Oberschlesien und Baden.

Es ist fast unvorstellbar, wie Tucholsky dieses Pensum bewältigen konnte. Bald zog er sich aber zurück, als er seine Wirkungslosigkeit erkennen mußte, während er gleichzeitig von "der beleidigten Reichswehr" immer wieder Prozesse angehängt bekam. 1922 fragte er:

> Warum quälen wir uns eigentlich mit dieser Republik herum? Regierungsrat will keiner von uns werden, und einen Orden wollen wir auch nicht - wir haben nur Kummer, Arbeit und sonst nichts davon. Gut. Aber nun auch noch von eben dieser Republik dauernd auf den Kopf zu kriegen, weil wir uns im Endeffekt schließlich gegen ihre Feinde wenden - dieses, Verehrte, fällt uns uff. [...] Immer und immer wieder raffen wir uns auf, immer und immer wieder haben wir geraten und zu helfen versucht; immer wieder, im Interesse der Sache und im Interesse der Republik, haben wir geschwiegen und da nichts gesagt, wo wir vielleicht hätten schaden können - immer und immer wieder haben wir Stange gehalten. Wofür eigentlich -?[2]

Kurz danach, während des Höhepunkts der Inflation, nahm Tucholsky eine Stelle als Privatsekretär in einem Bankhaus an und ging anschließend 1924 als Auslandskorrespondent für die 'Weltbühne' und 'Vossische Zeitung' nach Paris. Hier ruhte er angeblich von seinem Vaterlande aus, wie er in einem Gedicht schrieb. Aber er beobachtete Deutschland von außen nur noch schärfer und genauer. Zentrales Anliegen war ihm jedoch nun die deutsch-französische Verständigung, für die er unermüdlich warb, in Artikeln, Vorträgen, Lesungen. Als sein väterlicher Freund und Mentor, der Herausgeber der 'Weltbühne', Siegfried Jacobsohn, im Dezember 1926 starb, übernahm Tucholsky für einige Monate die Leitung des Blattes. Aber schon im Sommer 1927 gab er die ungeliebte Redakteursarbeit an Carl von Ossietzky ab und floh wieder ins Ausland.

"Ich bin sehr alt geworden, in diesem Jahr, und es ist eine böse Krise. Hätte ich meine Routine nicht, sähe das bös aus. In Wahrheit ist gar nichts mehr in mir drin, und ich will in ein Kloster und meine Ruhe." Und: "Ich müßte jahrelang die Schnauze halten - aber wer zahlt mir das?" schrieb er im August 1928 an seine zweite Frau Mary, die er 1924 geheiratet hatte. Es ist fast paradox: Je mehr Tucholsky resignierte, desto grö-

---

2   GW 3, S. 239.

ßer war sein äußerer Erfolg. Von 1928 bis 1933 erschienen fünf Bücher von ihm; das Theaterstück *Christoph Columbus*, das er zusammen mit Walter Hasenclever geschrieben hatte, wurde in Leipzig uraufgeführt, und wöchentlich war er unter seinen Pseudonymen Peter Panter, Theobald Tiger, Ignaz Wrobel und Kaspar Hauser in der 'Weltbühne' und in anderen Zeitschriften und Zeitungen vertreten.

Anfang 1930 fand Tucholsky sein "Kloster". Aus der pulsierenden Hektik der von ihm einstmals als "himmlisch" besungenen Großstadt Paris zog er sich in die schwedische Einsamkeit zurück. Er, der bis 1932 für über 100 Zeitschriften und Zeitungen etwa 3200 Artikel, Chansons und Kabarett-Texte geschrieben hatte, verstummte zusehends, resignierte. "Ich habe es satt. Du glaubst nicht, wie das Land von außen aussieht: ein Haufen neurasthenischer Irrer, die samt und sonders, jeder für sich, unrecht haben ... nein, mein Lieber, dazu bin ich nicht auf der Welt", schrieb Tucholsky bereits im Januar 1931 an seinen Bruder Fritz. Zwei Jahre später übernahmen die Nationalsozialisten die Macht, seine Bücher wurden verbrannt und er als einer der ersten ausgebürgert. Von nun an bezeichnete er sich als "aufgehörter Schriftsteller" und "aufgehörter Deutscher". Auch wenn er immer und immer wieder schrieb, daß es ihn alles nichts mehr anginge: Tucholsky suchte nach neuen Formen der Aufklärung, da die alten für ihn versagt hatten. Aber solange er sich nicht sicher war über Ziele und Wege, veröffentlichte er nicht eine Zeile mehr. Hunderte von Briefen an die wenigen ihm noch Nahestehenden, wie Walter Hasenclever, den Bruder Fritz und die Freundin "Nuuna", bildeten nun seine Weltbühne - bis zu seinem Ende im Dezember 1935.

Soweit die dürren Fakten. Aber wer war Tucholsky nun eigentlich - darauf gäbe es viele Antworten, jede einzelne abendfüllend:

- Tucholsky, der gefeierte Redner und der brillante Journalist, der Rezensent von hunderten von Büchern und Theaterstücken, der Kabarettautor und Chansonschreiber;
- Tucholsky, der Kritiker des neuen Mediums Film und Tucholsky, der Verfasser eines Filmskripts;
- Tucholsky, der Europapolitiker, der lange vor Kohl und Gorbatschow vom "Haus Europa" sprach und vom "Europa ohne Grenzen", der - wie aktuell - schon 1926 geschrieben hat: "Es ist nicht wahr, daß man sich nicht in die Innenpolitik fremder Staaten mischen dürfe - eine Innen-

politik ohne Rückwirkung nach außen gibt es heute nicht mehr, wenn es sie je gegeben hat. So, wie kein Mieter das Recht hat, in seiner Wohnung Feuer anzuzünden, mit der Berufung auf die Heiligkeit des Heims, sowenig dürften Staaten ohne Gefährdung des Friedens Innenpolitik auf eigene Faust machen, soweit diese den Frieden in Frage stellt. Wir wohnen nicht mehr in einzelnen Festungen des Mittelalters, wir wohnen ihn einem Haus. Und dieses Haus heißt Europa."[3]

- Tucholsky, der Ankläger von Justizwillkür, der sich für die Rechte der Angeklagten einsetzte, und Tucholsky, der Streiter gegen die Willkür von Bürokratie und Beamten, die in der Republik teilweise schlimmer wüteten als zu Kaisers Zeiten;
- Tucholsky, der wirkungsvollste und gefürchtetste Kämpfer gegen den Militarismus, der das Militärsystem analysierte und es an seinen eigenen Ansprüchen maß;
- Tucholsky, der Alltagssoziologe, der die Menschen sezierte und in ihrem alltäglichen Verhalten darstellte mit einem unvergleichlichen Sensorium für symbolische Einzelheiten, aus denen sich das Leben zusammensetzt - darum haben so viele Geschichten Tucholskys heute noch Gültigkeit. Franz Theodor Czockor nannte sie 1952 in einer Rezension "klinisch beobachtende und unerbittlich kommentierende Prosaskizzen" und bezeichnete Tucholsky als deutschen Propheten Jeremias. Auch Harry Pross griff etwas später auf einen biblischen Vergleich zurück: "Er war vom Stamme der Propheten. Er schrieb gegen die Indolenz, wie Jesaia und Elias. Er durchschaute die Eitelkeiten der nationalen Politik wie Hosea, und er warnte, wie Jesaia gewarnt hatte. Und wie die Propheten des Alten Testaments zog er den Zorn der Mächtigen auf sich und mußte fliehen."

Nicht nur den Zorn der Mächtigen - auch hier saß Tucholsky zwischen allen Stühlen, wurde angefeindet von links und rechts. Seine Zeitungsausschnitt-Mappen hatte er unter anderem unterteilt in Rubriken wie: "Interessanter Tadel", "Affären", "Gekreisch" und "Die Herren von Links". Ein Blick in die Mappen zeigt, wie isoliert Tucholsky zu Lebzeiten eigentlich war. Tucholsky läßt sich nicht zu dieser oder jener Gruppe zuordnen, das so beliebte Schubladensystem versagt bei ihm. Er war ein Einzelkämpfer. Er war bekannt mit vielen, befreundet mit ganz wenigen.

---

3   Kurt Tucholsky, Deutsches Tempo. Hrsg. von Mary Gerold-Tucholsky und Fritz J. Raddatz. Reinbek 1985, S. 528.

Er durchbrach auch hier die schon damals üblichen Schranken, hatte Kontakte mit Politikern aller Parteien, auch der Geschäftsführer der Zentrums-Partei gehörte beispielsweise dazu. Tucholsky ließ sich von keiner Partei vereinnahmen, ließ sich nicht festlegen, nicht auf Gruppen, nicht auf Ideologien, nicht auf seine Zeit. Er war nur sich selbst und seinem Gewissen verpflichtet.

Gleichzeitig wird hier eine der zentralen Wurzeln seiner Produktivität sichtbar: Seine Artikel waren nicht nur Kampf gegen die Umwelt, sie waren oft gleichzeitig ein Kampf mit und gegen sich selbst. Fritz J. Raddatz bemerkte zu Recht, daß Tucholsky die feinsten Nervenschwingungen an sich beobachtete und analysierte, sich selbst ununterbrochen Subjekt und Objekt zugleich war. Er konnte deshalb so scharf mit dem Bürgertum abrechnen, weil er selbst ein Teil von ihm war, weil er aus eigener Erfahrung die Schwachstellen kannte und spürte. Dies gilt für fast alle Bereiche, ob das die kritische Auseinandersetzung des ehemaligen Offiziers Tucholsky mit dem Militarismus oder die des Juden Tucholsky mit Teilen des Judentums war, immer kritisierte er mit den anderen zugleich sich selbst, denn Schreiben heißt, Gericht über sich selbst abzuhalten. So hat es Ibsen einmal formuliert, ganz ähnlich Jules Renard, mit dem Tucholsky oft übereinstimmte: "Wenn man die Fehler der anderen ganz deutlich sieht, so nur deshalb, weil man sie selbst hat."

Kurt Tucholsky war immer auch ein Suchender, einer, für den es nie nur eine, allein gültige, Wahrheit gab. Schon gar nicht eine alleinseligmachende Parteiwahrheit. Nicht irgendeine Parteidoktrin war deshalb Ausgangspunkt seiner Kritiken, sondern seine eigenen Vorstellungen, Befindlichkeiten, Alltags- und Lektüreerfahrungen. Tucholsky war einer, der die Unterordnung verweigerte, der das Recht auf Selbstbestimmung und Selbstdenken reklamierte. Diese Haltung trug ihm nicht nur Freunde ein. Er war geachtet von seinen Kollegen, gehaßt von seinen Gegnern, später zunehmend aber auch im eigenen Lager umstritten. Vielleicht traf auf ihn gegen Ende der Weimarer Republik tatsächlich das zu, was Carl von Ossietzky indirekt über den emigrierten Kritiker allgemein sagte:

> Der Oppositionelle, der über die Grenzen gegangen ist, spricht bald hohl ins Land herein. Der ausschließlich politische Publizist namentlich kann auf die Dauer nicht den Zusammenhang mit dem Ganzen entbehren, gegen das er kämpft, für das er kämpft, ohne in Exaltationen und Schiefheiten zu verfal-

len. Wenn man den verseuchten Geist eines Landes wirkungsvoll bekämpfen will, muß man dessen allgemeines Schicksal teilen.[4]

Dies ist ein Vorwurf, der sich auch durch viele Besprechungen von Tucholskys 1929 erschienenem Deutschland-Buch zieht und darin gipfelt, daß Tucholskys brillante Kritiken eigentlich nur negativ und giftig seien und nicht weiterbrächten. Eine der schärfsten Kritiken kam von Herbert Ihering, der Tucholsky vorwarf, daß er eigentlich ein unpolitischer Einzelgänger sei, der das Gegenteil seiner Absichten erreiche: "Er schließt eine gegnerische Front zusammen."

> Warum wird auf der anderen Seite zum Sturmangriff geblasen? Warum hält man die Zeit für gekommen? Weil die linke Polemik entscheidende Fehler gemacht hat. Weil sie erstarrt, unfruchtbar und überreizt geworden ist. Tucholskys Buch [...] erklärt vieles. Ein Satiriker, dessen Begabung brilliert, so oft er Typen treffen soll, ein Schriftsteller und Chansondichter, dessen Wort ins Zentrum zielt, wenn er die Meinung des 'unbekannten Berliners' von der Galerie herabruft (wie es Hans Sahl hier einmal genannt hat) - wirft sich zum Zeitprediger, zum dröhnenden Kanzelredner auf.[5]

Max Brod urteilte später kurz und knapp: Tucholsky sei eine "zwiespältige Natur von eminenten literarischen, sogar sprachschöpferischen Gaben. Als Dichter hervorragend, als politischer Denker aber unreif, weshalb er viel Unheil angerichtet hat."

Solche und ähnliche Kritik kam aus den unterschiedlichsten Ecken, von ganz links bis hin zu bürgerlichen Blättern wie dem 'Berliner Tageblatt'. Diese Kritiken haben nichts zu tun mit den lächerlichen Vorwürfen, Tucholsky & Co seien für den Untergang der Weimarer Republik (mit)verantwortlich, hätten, wie es jüngst Klaus-Peter Schulz formulierte, "diesen Staat förmlich kaputt[ge]schrieben", sondern befassen sich gezielt mit der Frage nach der Politikfähigkeit Tucholskys in den letzten Jahren der Republik. So verschiedene Zeitgenossen wie etwa der linke Pazifist Walter Fabian, die Schriftsteller Alfred Kantorowicz (Nachfolger Tucholskys als Korrespondent der 'Vossischen' in Paris) und Walter Benjamin kamen zu dem Ergebnis, daß Tucholsky als "Kampfgenosse grundsätzlich abzulehnen ist", auch wenn man den geistreichen und leidenschaftlichen Polemiker achten würde. Dieser linke Radikalismus, der

---

4   Carl von Ossietzky, Rechenschaft. WB, 10.5.1932, S. 691.
5   Herbert Ihering, Polemik ohne Risiko. Berliner Börsen-Courier, 9.10.1929.

keine Aktion, sondern eigentlich nur mehr Resignation zulasse, stehe nicht "links von dieser oder jener Richtung, sondern ganz einfach links vom Möglichen überhaupt", schrieb Walter Benjamin 1931. Der Kampf gegen das Elend werde so zum Gegenstand des reinen Konsums gemacht und sei lediglich die "proletarische Mimikry zerfallener Bürgerschichten".

Ähnlich äußerte sich zur gleichen Zeit auch Siegfried Kracauer in der Auseinandersetzung um Döblin: "Die Aufgabe des Intellektuellen ist aber nicht, das Ideal - auch das sozialistische - einfach hochzuhalten, sondern es einzuklammern, es in die dialektische Beziehung zu den augenblicklichen Möglichkeiten seiner Realisierung zu bringen." Und der SPD-Politiker und ehemalige 'Weltbühnen'-Mitarbeiter Robert Breuer schimpfte bereits seit Mitte der Zwanziger Jahre auf diese "Gehirnrevolutionäre" und "Barrikaden-Ästheten", die nur pessimistisch "orgeln" könnten und die Welt als Hölle darstellen. (Nach dem Krieg relativierten einige von ihnen ihr Urteil allerdings erheblich. Kantorowicz etwa schrieb 1947 über Tucholsky: "Er ward erkannt als der bedeutendste zeitgenössische politische Satiriker Deutschlands; sein Geist belebt uns, die wir den gleichen Kampf für soziale Gerechtigkeit und für den Frieden heute fortsetzen.")

Der Journalist und spätere Schriftsteller Herbert Lestiboudois warf Tucholsky in einem langen *Offenen Brief* vor, daß seine Worte von zu weit oben kämen, "nicht aus der Mitte des Volkes, nicht aus der Mitte seiner Not und Zweifel. Sie sind wohl richtig, diese Worte, aber sie sind farblos. Es geht Ihnen viel zu gut, als daß Sie das Vertrauen der Masse finden. Ihre Worte sind viel zu teuer, Ihre Bücher auch, Ihre Vorträge ebenfalls." Sein "strahlendes Talent" erschöpfe sich im "Wohlgefallen an der Beherrschung des eigenen schillernden Wortes", und Tucholsky vergesse dabei, "daß wir hier unten ganz etwas anderes nötig hätten". Es sei eine Entfremdung eingetreten, und Tucholsky müsse sich nun endlich öffentlich erklären, wo er eigentlich stehe:

> Es gibt nur eine Antwort hier: entweder Sie tun etwas für eine Idee oder Sie tun es nicht und liebäugeln mit jenen Schichten, die auf Grund ihrer Geschultheit und genossenen Bildung Ihr strahlendes Talent genugsam zu bewundern imstande sind. Heute bilden Sie eine Zwittererscheinung, einen Januskopf.[6]

---

6   Der Graben. Rheinische Blätter für Kulturpolitik, 1.10.1930.

Diese Kritik ist eigentlich selbst janusköpfig, aber sie zeigt deutlich die Widersprüche, in die Tucholsky geraten war. Einerseits hatte er tatsächlich keine "Bodenhaftung", erkannte nicht, was in den Organisationen auf der "unteren Ebene" alles geleistet wurde. Andererseits verlangte Lestiboudois in seinem Artikel aber von Tucholsky so etwas wie eine Lyrik der "schwieligen Faust", einen "Genossen-Ästhetizismus", welchen Tucholsky schon lange für unerträglich hielt.

Der von Tucholsky geschätzte Valeriu Marcu hatte wohl instinktiv ins Schwarze getroffen, als er schrieb: "Der Polemiker hat plötzlich die Angst gesehen. Sie ist sonst eine gute Eigenschaft, am Ende einer Fanfare aber verrät sie, daß der Held, der zur Welteroberung startet, vor den eigenen Bildern und Gedanken flieht." Tucholskys Bilder und Gedanken waren meist - wie sich nur wenige Jahre später erweisen sollte: zu Recht - nur noch pessimistisch, und so zog er sich krank, desillusioniert und deprimiert immer mehr aus der politischen Tagesarbeit zurück. Karl Jaspers Satz über Max Weber paßt teilweise auch auf Tucholsky: "Seine politische Einsicht war die der Kassandra, die niemand überzeugen, daher nichts ändern und nur selber leiden kann."

3

Das war jedoch nur die eine Seite und quasi schon der Schlußakkord. Aber was war denn mit den anderen Zeitgenossen, mit seinen Freunden, haben die nicht ...? Tucholsky war zwar Zeitgenosse vieler Berühmtheiten und auch mit vielen von ihnen bekannt; etwa mit Heinrich Mann, Walter Mehring, Walter Hasenclever, Max Reinhard, George Grosz, Alfred Polgar, Carl von Ossietzky, Arnold Zweig usw. Befreundet war er jedoch mit kaum einem von ihnen wirklich. Trotzdem: was sie über Tucholsky zu sagen hatten, klang ganz anders:

> Sie, lieber Herr Tucholsky, nehmen den Leuten die Weltanschauung fort, und eine einfache Kaffeetasse bleibt übrig. Es ist verwunderlich zu sehen, wie Sie mit der Pincette arbeiten. Die Zierlichkei Ihrer Art, die Feinheit Ihrer geistigen Bewegungen überrascht mich immer wieder. [...] *Das Lächeln der Mona Lisa* von Tucholsky ist ein Baedeker der Seele des Alltagsmenschen. Es ist ein großartig geschriebenes Werk. Das beste Deutsch, das ich kenne. Wortequilibristik, Witz, Farbigkeit. (Richard Huelsenbeck 1929)

> Tucholsky ist unter den linken Literaten, um einmal diese saloppe Bezeichnung zu gebrauchen, einer der leider seltenen Fortschrittsfreunde und revolutionären Streiter, für die der Begriff Freiheit noch etwas Verehrungswür-

diges, Erkämpfenswertes, Lebenswichtiges ist, etwas, das alle Parteirücksichten über den Haufen wirft. Für ihn ist die Freiheit eine unumgängliche Notwendigkeit, die einzige Atmosphäre, in der Menschen unserer Art zu atmen vermögen. [...] Tucholskys Buch [*Lerne lachen, ohne zu weinen*] ist gesegnet mit reellem, verantwortungsbewußtem, gepflegtem, großzügigem Humor. Sein Humor ist nicht gelegentliche gute Laune, sondern in Erfahrung, Skepsis, Kampfstimmung bewährtes, trotz Enttäuschung, Wut und Wunden bewahrtes Lebensreservoir. (Max Herrmann-Neiße, 1932)

Jede Zeile, jede Polemik von Ihrer Hand war ein Brief, gerichtet an die heroischen Dummköpfe, die Gangster mit Gymnasialbildung und die Sonnewendpriester in Gesundheit-Wellersatz-Wäsche. Die Adressaten konnten nicht einmal mogeln, sie hätten das Schreiben nicht erhalten. Es traf sie mit tödlicher Sicherheit. Man hat Ihnen den Empfang allseitig durch Ausbrüche zügellosen Hasses bestätigt. (Walter Mehring 1936)

Und Anja Aschkenasy meinte 1929 in der 'Jüdischen Rundschau':

Tucholsky kennt wie kein anderer die Psychologie des kleinen Mannes, die politische Rückständigkeit der Provinz und die Unbelehrbarkeit der Professoren. Und er kennt Frankreich, das nicht Paris ist und dessen Kräftereservoir in der Provinz steckt. [...] Ein dauernder Friede kann seiner Meinung nach nur durch die Verständigung und den Zusammenhalt der beiden Proletariate gewährleistet werden. Er warnt vor der täuschenden Oberfläche des Pazifismus, der im gegebenen Augenblick in sich zusammenfallen muß, da er nur von einer dünnen intellektuellen Oberschicht getragen wird, und auch da nicht mit allen Konsequenzen. Dieser Jude Tucholsky hat Deutschland, hat Westeuropa noch manches zu sagen. Und es gibt heute nicht viele Tucholskys.

Aber rückblickend fragte Walter Mehring zum Beispiel auch: "Haben wir, ich ihn eigentlich wirklich gekannt?" In seinem Nachruf zeichnete Wilhelm Herzog 1936 eines der knappsten und genauesten Bilder:

Wer war Kurt Tucholsky? Ein Schriftsteller von ungewöhnlicher Begabung; unerschöpflich an Einfällen; ein kluger Humorist; ein Satiriker von Format und - ein Kämpfer für die ewigen Menschenrechte, deren Schicksal es ist, ewig mit Füßen getreten zu werden. [...] Er hatte viele Verwandlungen durchgemacht. Auch er war durch viele Irrtümer, Fehler, Krankheiten hindurchgegangen. Aber dieser proteusartige Mensch trug in sich einen Reichtum an Bildung, Phantasie, kritischer Vernunft und überlegener Heiterkeit, daß seine Arbeiten Tausende und aber Tausende in ihrem Lebensmut stärkten, sie bereicherten, oft entzückten.

Und 1994 meinte der schwedische Schriftsteller und langjährige PEN-Vorsitzende Thomas von Vegesack:

> Ich kenne kaum einen anderen Schriftsteller, der sich - bei aller Sympathie für einige - so konsequent geweigert hat, sich den Ideologien seiner Zeit *unterzuordnen*. Und wenige haben wie er die Vermessenheit der Intellektuellen durchschaut, Anspruch auf eine führende Position im Gesellschaftsleben zu erheben. Tucholskys Schweigen wurde oft als eine Kapitulation oder sein Selbstmord als eine Niederlage aufgefaßt. Aber das Schweigen war zeitbedingt und nicht endgültig. Und wir werden nie mit Sicherheit erfahren, ob Tucholsky sich wirklich das Leben genommen hat. Was nicht gestorben ist und was nicht schweigt, sind die Texte von Tucholsky. Es ist kaum eine Übertreibung zu behaupten, daß sie heute, wo der Faschismus von neuem in einer europäischen Regierung vertreten ist und die Kriegshysterie wieder auf unserem Kontinent wütet, größere Aktualität besitzen als seit langem.

4

Womit wir wieder beim aktuellen Ausgangsthema angelangt wären: "Soldaten sind Mörder" - ein Satz und seine Folgen.

Der bayerische Justizminister Hermann Leeb (CSU) warnte Anfang 1996 seine Bonner Parteikollegen vor einem besonderen Ehrenschutz für Soldaten: Das Gesetz könnte in die Nähe des Nationalsozialismus gerückt werden, denn unmittelbar vor dem Ende der Weimarer Republik sei bereits ein solcher Ehrenschutzparagraph in das Reichsstrafgesetzbuch aufgenommen und "im Nationalsozialismus ist dieser Ansatz zu einem Instrument der Verfolgung Andersdenkender mißbraucht worden".[7] Hätten Norbert Geis und der frischgebackene Bundesjustizminister auf die warnende Stimme aus München gehört, wäre uns mehr als eine sinnlose Bundestagsdebatte erspart geblieben. Ein Blick in die einschlägige Literatur hätte alle Beteiligten das Gruseln lehren müssen. Vielleicht ist dies ja auch der Grund für die anfängliche Weigerung von Edzard Schmidt-Jorzig, die Tradition dieses absurden Ehrenschutzes fortzuführen.

5

Seit 1919 hatte Kurt Tucholsky Soldaten, vor allem Offiziere, immer wieder als "professionelle Mörder" oder "ermordete Mörder" bezeichnet. 1925 schrieb er beispielsweise:

---

7   DIE ZEIT, 22.3.1996.

> Wie lange noch lassen sich erwachsene Menschen einreden, daß eine sinn-
> lose und anarchische Organisation zwischen den Staaten ein Recht hat, das
> Leben zu nehmen? Wie lange noch lassen sich Mütter die Söhne, Frauen die
> Geliebten, Kinder den Vater abschießen für eine Sache, die nicht die Kosten
> für den Mobilmachungsbefehl wert ist? Wie lange noch wird Mord sank-
> tioniert, wenn der Mörder sich nur vorher eine Berufskleidung anzieht,
> seine Kanonen grau anstreicht, seine Gasbomben von der Kirche einsegnen
> läßt und sich überhaupt gebärdet wie der Statist einer Wagner-Oper?[8]

Zwar hatte die Reichswehrführung in anderem Zusammenhang wiederholt
versucht, Tucholsky mit juristischen Mitteln zum Schweigen zu bringen
(wenn auch erfolglos), die Aussage "Soldaten sind Mörder" blieb jedoch
bis 1931 unbeanstandet. Erst nachdem General Kurt von Schleicher als
graue Eminenz im Hintergrund weitgehend die Geschicke der Noch-De-
mokratie mitbestimmte, reagierte die Reichswehr auch auf diesen Satz mit
einem Strafantrag wegen Beleidigung.

Ihr durch den verlorenen Krieg so sehr beschädigter "Ehrenschild" sollte
wenigstens in der Erinnerung und in der politischen Tagesauseinanderset-
zung wieder sauber geputzt werden. So ist es nicht verwunderlich, daß die
1996 durch die Diskussion geisternde Debatte um einen besonderen Ehrenschutz für das Militär auch damals schon auf der Tagesordnung stand -
parteiübergreifend. Die NSDAP brachte beispielsweise im März 1930 ein
"Gesetz zum Schutz der deutschen Nation" im Reichstag ein, das vor-
wegnahm, was drei Jahre später Wirklichkeit werden sollte:

> Wer den sittlichen Grundsatz der allgemeinen Wehr- oder sonstigen
> Staatsdienstpflicht der Deutschen in Wort, Schrift, Druck, Bild oder in an-
> derer Weise bekämpft, leugnet oder verächtlich macht, oder wer für die gei-
> stige, körperliche oder materielle Abrüstung des deutschen Volkes wirbt,
> [...] oder wer sonst es unternimmt, die Wehrkraft oder den Wehrwillen des
> deutschen Volkes zu untergraben, wird wegen Wehrverrats mit dem Tode
> bestraft. [...] Wer lebende oder tote deutsche Nationalhelden, Heerführer
> oder Inhaber der höchsten deutschen Tapferkeitsorden, oder wer die frühere
> oder die jetzige deutsche Wehrmacht oder Abzeichen oder Symbole der
> Landesverteidigung, insbesondere Ehrenzeichen, Uniformen, Flaggen, oder
> wer die Nationalhymne öffentlich beschimpft, verächtlich macht oder in
> Ärgernis erregender Weise mißachtet [...] oder wer auf andere Weise Ehre,
> Würde und Ansehen der Nation besudelt, wird mit Zuchthaus, und in Fäl-

---

8   Die Tafeln. WB, 21.4.1925. GW, S. 101.

len, die von besonderer Roheit und Gemeinheit der Gesinnung zeugen, daneben mit körperlicher Züchtigung bestraft.[9]

Pazifismus sollte also mit dem Tod bestraft werden. Es wurde dann wenige Tage später *nur* das "Gesetz zum Schutze der Republik" erlassen, aber das war auch schon ganz brauchbar zur Unterdrückung der Meinungsfreiheit. Ein Jahr später brachte eine merkwürdige Koalition aus Konservativer Volkspartei, Deutscher Volkspartei, Deutscher Staatspartei usw., angeführt von Pfarrer Mumm und dem Grafen Westarp, ein Ehrenschutzgesetz im Reichstag ein, das Beleidigung, üble Nachrede usw., "die geeignet sind, den Betroffenen in seiner persönlichen und politischen Ehre in der Öffentlichkeit herabzuwürdigen, als Diebstahl am höchsten Gut, an der Ehre" nach dem Diebstahlsparagraphen bestrafen solle. Kurz darauf betrieb dann der damalige Reichswehrminister Groener eine Ehrenschutzkampagne, die allerdings die ganze Fragwürdigkeit des übersteigerten Ehrbegriffs auch im demokratischen Umfeld zeigt.

Die zunehmenden Veröffentlichungen über die geheime Rüstung der Reichswehr hatten Groener 1931 veranlaßt, gegen diese angeblichen "Verleumdungen" ein besonderes Gesetz zu fordern. In einem späteren Artikel[10] nahm er dabei ausdrücklich auch Bezug auf die "Verleumdungstaten" der 'Weltbühne': "Hemmungsloser Haß gegen alles Militärische" lasse die Kritiker die Grenzen zwischen Kritik und Hetze nicht mehr erkennen. Daß dagegen *alle* Parteien, bis auf die Kommunisten, treu und in "warmer und zustimmender Weise" zu dieser Wehrmacht standen, hob Groener in der Etatdebatte 1931 dankbar hervor.

Obwohl der damalige Reichsjustizminister Joël zuvor die Möglichkeit eines "verbesserten Ehrenschutzes" insgesamt sehr skeptisch beurteilte, hatte er Anfang Dezember doch einen Entwurf zum Thema "Politischer Ehrenschutz" vorgelegt, der dann wenige Tage später Gesetz wurde: In der 4. Notverordnung des Reichspräsidenten vom 8.12.1931 wurden zur "Verstärkung des Ehrenschutzes" einige Paragraphen aufgenommen, die lästigen Kritikern wie Tucholsky und Ossietzky den Mund stopfen sollten. Üble Nachreden oder Verleumdung im "politischen Kampf" (dazu zählte der Minister natürlich auch die Angriffe auf die Reichswehr) sollten mit Gefängnis nicht unter sechs Monaten bestraft werden. Zusätzlich konnte

---

9   Reichstagsdrucksache Nr. 1741, 13. März 1931.
10   Staatsverleumdung. Deutsche Allgemeine Zeitung, 29.11.1931.

eine "Buße" bis zu 100.000 Reichsmark verhängt werden. Außerdem sollten die Prozesse im Schnellverfahren bei verkürzter Beweisaufnahme durchgeführt werden können. Im Klartext: die Verteidigungsmöglichkeiten sollten weitgehend eingeschränkt werden.[11]

6

Wie die Zufälle manchmal so spielen: Eine Woche zuvor hatte die Presse ausführlich über ein neues drohendes Beleidigungsverfahren gegen die 'Weltbühne' wegen des Tucholsky-Satzes "Soldaten sind Mörder" berichtet. Eine "grauenhafte Schlächterei", die "Europa entehrt", hatte Papst Benedikt XV. den Weltkrieg im Juli 1915 in seiner Exhortatio genannt, die von den deutschen Bischöfen allerdings nur in einer verfälschten und abgemilderten Form veröffentlicht worden war. In ihrer Friedensnummer vom 4. August 1931 brachte die 'Weltbühne' eine neue Übersetzung dieser leidenschaftlichen Verdammung des Krieges. Wenige Seiten später stand die Glosse "Der bewachte Kriegsschauplatz" von Ignaz Wrobel, dem politischen Pseudonym von Kurt Tucholsky, durch die sich die Reichswehr verunglimpft und beleidigt sah. Er beschäftigte sich darin mit der Feldpolizei, die den Kriegsschauplatz abgesperrt und darüber gewacht hätte, daß "vorn richtig gestorben wurde". Besonders betroffen fühlte sich die Reichswehrführung jedoch durch einen kleinen Abschnitt, dessen Schlußsatz bis heute für Aufregung sorgt: "Da gab es vier Jahre lang ganze Quadratmeilen Landes, auf denen war der Mord obligatorisch, während er eine halbe Stunde davon entfernt ebenso streng verboten war. Sagte ich: Mord? Natürlich Mord. Soldaten sind Mörder."

Nachdem die Reichswehr gerade einen anderen Prozeß gegen die 'Weltbühne' vor dem Leipziger Reichsgericht gewonnen hatte (siehe dazu die Ausführungen von Elke Suhr), stellte Reichswehrminister Groener, der gleichzeitig auch Reichsinnenminister war, erneut Strafantrag gegen Carl von Ossietzky als verantwortlichem Redakteur. In der Zeitung 'Berlin am Morgen' war am 4.12.1931 zu lesen, daß nach der Vernehmung Ossietzkys die Akten bei der Staatsanwaltschaft längere Zeit liegen blieben, ohne daß weitere Schritte unternommen wurden. "Jetzt, nachdem das Urteil des Leipziger Prozesses vorliegt, scheint man auch in dieser Sache 'durchgreifen' zu wollen.

---

11 Siehe dazu: Akten der Reichskanzlei. Das Kabinett Brüning I und II. Boppard/Rhein 1982/90; Reichsgesetzblatt 1931 I, S. 743.

In einem Brief an den Rechtsanwalt Alfred Apfel nahm Kurt Tucholsky zu der Anklage Stellung und bestritt die Absicht, die Reichswehr zu beleidigen, wie die Zeitungen Anfang Dezember berichteten:

> Der enge Zusammenhang des Artikels mit der Exhortatio des Papstes und die Erwähnung des Weltkrieges beweise, daß es sich ausschließlich um eine ganz allgemeine pazifistische Forderung gehandelt habe, wie sie insbesondere auch von der katholischen Kirche immer wieder erhoben werde. Seine im Kriege entfaltete Tätigkeit als Feldpolizeikommissar bei der Politischen Partei habe ihn die in dem Artikel geschilderten Tatsachen aus nächster Nähe mit ansehen lassen.[12]

Tucholsky setzte aber gleich noch einen drauf: In der 'Weltbühne' veröffentlichte er am 9. Februar 1932 einen vermutlich fingierten Brief seines Vaters Alex, in dem es heißt:

> Krieg heißt doch schließlich auf Deutsch privilegierter Mord; wenn die Leute an der Spitze in Verlegenheit sind und nicht mehr aus noch ein mit der Politik und ihren Finanzen wissen, dann wird aus der Rumpelkammer die Puppe Patriotismus herausgeholt und ihr Kleid und Mantel - Erbfeind und Heldenmut - umgehangen, und dann ist der Popanz fertig. Jeder verficht dann natürlich die gerechte Sache, jeder packt seinen Privatgott an den Füßen, und schließlich haben die dummen Männer und Weiber, Eltern und Kinder die Zeche zu bezahlen ...

Tucholsky schloß:

> Ehre seinem Andenken. Jetzt darf Goebbels den Mann beschimpfen, und das Kriegsministerium darf einen Strafantrag gegen den Toten stellen: wegen Herabwürdigung des Krieges, wegen Staatsverleumdung und wegen Störung der Belange der deutschen Holzkreuz-Industrie.[13]

Der Nobelpreisträger Ludwig Quidde meinte zu der Anzeige:

> In dem Satz: "Soldaten sind Mörder." eine Beleidigung der deutschen Reichswehr zu finden, ist wirklich schon der Gipfel der Unvernunft. Der Satz soll doch für Soldaten aller Nationalitäten gelten und offenbar für alle Kriegsteilnehmer, nicht nur für die Berufssoldaten; er soll den Gedanken, daß der Krieg Mord ist, in besonders scharf geprägter Form zum Ausdruck bringen. Ob mit Recht, darüber mag man streiten. Aber deshalb wegen Beleidigung klagen, das heißt nicht nur, sich lächerlich machen, sondern auch

---

12 Das 12 Uhr Blatt, 3.12.1931.
13 Brief meines Vaters, WB, 9.2.1932. GW 10, S. 29-30.

die Freiheit des Wortes knebeln. Das werden wir nicht aufhören, weiter zu behaupten, auch wenn ein deutsches Gericht der Klage Recht geben sollte, denn von deutschen Gerichten sind wir nachgerade gewohnt, daß sie in politischen Prozessen verurteilen, was wir für Recht halten, und freisprechen, wo für uns empörendes Unrecht nach Vergeltung schreit.[14]

Und Carl von Ossietzky sah deutlich das "Ende der Pressefreiheit" für gekommen:

'Wehrfreudigkeit', das ist das neue deutsche Evangelium. Die gegenwärtige Personalunion zwischen Wehrministerium und Innenministerium bietet besondere Chancen, alles zu verfolgen, was sich dem gewünschten Schema anzubequemen weigert. Die letzte Spezialität heißt: 'Beschimpfung des Soldatenstandes'. Wer den Krieg als Barbarei bezeichnet, wer es niederzuschreiben wagt, daß Töten das Handwerk des Soldaten ist und bleibt, der macht sich straffällig. Da hilft kein Hinweis auf die großen Religions- und Sittenlehrer der Menschheit, die fast alle den Krieg verworfen haben. Eine allgemeine Treibjagd auf die Freunde des Friedens und die Lästerer des Waffenspiels hat eingesetzt. Aggressiven Antimilitarismus gibt es in Deutschland schon lange nicht mehr, jetzt wird auch die abstrakte akademische Untersuchung über die moralische Legitimation des Soldatentums ebenso unter Strafe gestellt wie die kritische Durchleuchtung militaristischer Machtansprüche.[15]

7

Anfang April 1932 lehnte das Schöffengericht Charlottenburg die Eröffnung des Hauptverfahrens ab, die Staatsanwaltschaft legte jedoch sofort Beschwerde dagegen ein. Am 1. Juli 1932 sprach das Schöffengericht den verantwortlichen Redakteur Carl von Ossietzky schließlich frei, da bei dem Begriff "Soldaten" ein bestimmbarer Kreis von Beleidigten fehle. Im Prozeß von 1932 ging es im Prinzip um die gleiche Frage wie heute: "daß in dem Artikel [Tucholskys] schon deshalb von der deutschen Armee nicht die Rede sein kann, als die Reichswehr bisher noch keinen Krieg geführt hat. Es wird ja immer betont, daß sie nur zur Verteidigung da sei". Damals begegnete der Richter diesem Argument der Verteidigung: "Es kann aber doch eines Tages der Fall eintreten, daß der Soldat wieder in die Lage kommen kann [...] einen Menschen zu töten".[16] Trotzdem entschied sich der Richter für einen Freispruch, denn eine "schwere Ehren-

---

14   Die Weltbühne, 8.3.1932.
15   Die Weltbühne, 29.3.1932.
16   8 Uhr-Abendblatt, 1.7.1932.

kränkung" könne nur dann bestraft werden, "wenn sie sich auf Personen, nicht aber auf eine unbestimmte Gesamtheit" bezöge. Dies war ständige Rechtsprechung, die im Prinzip erst durch die Nationalsozialisten aufgehoben wurde.

Das 'Berliner Tageblatt' meinte, dies sei das "selbstverständliche Ende eines überflüssigen Prozesses", auch die meisten anderen demokratischen Zeitungen begrüßten in ausführlichen Berichten den Freispruch, die Staatsanwaltschaft ging jedoch sofort in Revision. Am 17. November 1932 entschied der 2. Strafsenat des Kammergerichts Berlin jedoch, daß die Revision zu verwerfen sei, da sich Tucholskys Satz nicht auf Personen, sondern auf eine unbestimmte Gesamtheit beziehe.

Eigentlich hätte es damit seine Bewandtnis haben können. Aber ähnlich wie 1995 wollte sich die militärische Führung mit der gerichtlichen Niederlage nicht abfinden, und das Zentralorgan der Sozialistischen Arbeiterpartei (der auch Willy Brandt angehört hatte) hatte ja bereits - wenn auch satirisch gemeint - den Weg gewiesen: "Vielleicht erbarmt sich in seinem großen Verständnis für die militärischen Notwendigkeiten der Herr Generalfeldmarschall und Reichspräsident und beschert dem hungrigen Volke mit seiner neuesten Notverordnung auch einen strafrechtlichen Schutz gegen die frechen *Kriegs*lästerer, die die öffentliche Ordnung und Sicherheit durch ihre bösartige Verleumdung des Krieges so erheblich stören."[17] Es wurde zwar nicht der vorgeschlagene "Kriegslästerungs-Paragraph" in der Abteilung "Gotteslästerung" eingeführt, aber im Dezember 1932 wurde der Ehrenschutz für Soldaten per Notverordnung des Reichspräsidenten zum Gesetz erhoben. Von Vorteil war dabei, daß der neue Reichswehrminister Kurt von Schleicher seit dem 3. Dezember zugleich Reichskanzler war.[18]

In seiner Regierungserklärung kündigte er an, zahlreiche Notverordnungen außer Kraft zu setzen, "um endlich einmal wieder zu normalen Rechtsverhältnissen zurückzukehren". In der Notverordnung des Reichspräsidenten "zur Erhaltung des inneren Friedens" vom 19. Dezember 1932 wurden denn auch fast alle Vorschriften gegen politische Ausschreitungen außer Kraft gesetzt, ebenfalls das berüchtigte "Gesetz zum Schutz der Re-

---

17 Sozialistische Arbeiter Zeitung, 5.12.1931.
18 Zur Vorgeschichte siehe: Akten der Reichskanzlei. Das Kabinett Schleicher. Boppard/Rhein 1986. Bes. Dok. 1, 25, 26.

publik" vom März 1930; dieses allerdings mit kleinen Einschränkungen: der Paragraph mit den Bestimmungen zum Schutz des Reiches und der Länder sowie der Landesfarben und Flaggen vor böswilliger Beschimpfung und Herabwürdigung wurden in das neue Gesetz übernommen. Mit einer winzigkleinen zusätzlichen Abänderung hieß es nun in dem als neuer § 134 a in das Strafgesetzbuch eingefügten Straftatbestand: "Wer öffentlich das Reich oder eines der Länder, ihre Verfassung, ihre Farben oder Flaggen oder *die deutsche Wehrmacht* beschimpft oder böswillig und mit Überlegung verächtlich macht, wird mit Gefängnis bestraft."[19]

In der amtlichen Mitteilung für die Presse hieß es dazu, daß auch weiterhin "zur Aufrechterhaltung der Staatsautorität ein dauernder Schutz des Staates, seiner Symbole und der sich in der Wehrmacht verkörpernden Hoheitsbefugnisse des Staates gegen Verhetzung notwendig"[20] seien. Abgeleitet war dieser Paragraph sinnigerweise aus dem Gesetz über die Bestrafung der Majestätsbeleidigung vom Februar 1908. Und interessanterweise wurde der Ehrenschutz für die Reichswehr im Strafgesetzbuch auch damals schon nicht bei Beleidigungen eingefügt - der § 134 a steht bei "Verbrechen und Vergehen wider die Öffentliche Ordnung". Die Parallelen zum aktuellen Gesetzesvorhaben sind verblüffend.

Kaum eine Zeitung berichtete im Jubel über die "Aufhebung des politischen Notrechts" über den neu hinzugekommenen Schutz der Wehrmacht. Tucholskys Satz "Soldaten sind Mörder" wäre danach künftig strafbar gewesen, hätte sich der demokratische Rechtsstaat und die vom Reichswehrminister kurz zuvor noch gepriesene "freieste Verfassung" nicht einen Monat später selbst abgeschafft. Der Paragraph 134 a blieb allerdings auch nach dem Untergang der Republik von Weimar bestehen. Und hätte ihn Hindenburg nicht bereits per Notverordnung geschaffen, die Nationalsozialisten hätten ihn sicherlich erfunden.

Der neue Reichspropagandaminister Joseph Goebbels machte am 31. März 1933 im Zusammenhang mit dem berüchtigten "Boykott aller jüdischen Geschäfte in Deutschland" deutlich, was er von Radikaldemokraten wie Tucholsky hielt. In seiner Ansprache, die über alle Sender ging, mißbrauchte er die Gefallenen des 1. Weltkriegs für seine Ideologie:

---

19   Reichsgesetzblatt 1932 I, S. 549; Hervorhebung durch den Verfasser.
20   Frankfurter Zeitung, 21.12.1932.

> Aus den Gräbern von Flandern und Polen stehen zwei Millionen deutsche
> Soldaten auf und klagen an, daß der Jude Toller in Deutschland schreiben
> durfte, das Heldenideal sei das dümmste aller Ideale. Zwei Millionen stehen
> auf und klagen an, daß die jüdische Zeitschrift Weltbühne schreiben durfte:
> 'Soldaten sind immer Mörder', daß der jüdische Professor Lessing schreiben
> durfte: 'Unsere Soldaten sind für einen Dreck gefallen' [...][21]

(Hier wurde übrigens erstmals verfälschend ausgesprochen, was heute
heimlich meist intendiert wird. Tucholsky schrieb "Soldaten sind Mörder"
und eben nicht "Soldaten sind immer Mörder".)

Als "wichtigste Schutzobjekte" galten nun die ideellen Werte, "und unter
diesen ragt als Grundwert [...] nach deutscher Auffassung die Ehre hervor", hieß es in der 1935 von dem Juristen Gerd Passauer verfaßten Ab-
handlung über den "Strafrechtlichen Schutz der Volksehre"[22]. Die Ehre
von Volk und Nation sollte demnach "das erste und höchste Gut [sein],
dem alles andere sich unterzuordnen und zu dienen hat", und dabei leiste-
te der § 134 a gute Dienste: Geschützt waren durch ihn die NSDAP ebenso wie das "Horst-Wessel-Lied" und natürlich die Hakenkreuzflagge, die
"zum höchsten Zeichen der deutschen Ehre geworden" war.

Der Staatsrechtler Carl Schmitt, der sich derzeit wieder einer merkwürdigen Beliebtheit erfreut, hatte als oberstes Auslegungsprinzip der Gesetze
gefordert, daß das gesamte deutsche Recht, "einschließlich der weiter
geltenden, nicht aufgehobenen Bestimmungen", ausschließlich und allein
"vom Geist des Nationalsozialismus beherrscht"[23] sein müsse. Dement-
sprechend stellte Gerd Passauer in seiner Ehrenschutzmonographie zu
dem Gesetz fest, daß jeder "Ehrangriff", jede Beschimpfung und Veracht-
lichmachung der staatlichen Grundordnung ebenso "wie jede Kundgebung
der Mißachtung gegen den Nationalsozialismus als Grundlage und Ausgangspunkt des deutschen Staates" ein strafrechtlicher Tatbestand sei.

Die Absurdität nahm damit jedoch erst ihren Anfang. Nach Passauer war
jede Beschimpfung "des Führers schlechthin" nach § 134 a zu bestrafen,
da dieser die Einheit von Staat und "Bewegung" verkörpere. "Ebenso ist
ein Angriff auf die deutsche Wehrmacht, durch den sie beschimpft oder
verächtlich gemacht wird, ein solcher auf die deutsche Ehre". Ohlshausen

---

21 Joseph Goebbels, Revolution der Deutschen. Oldenburg 1933, S. 158 ff.
22 Breslau-Neukirch 1935.
23 Juristische Wochenschrift 63, 717.

stellte 1942 in seinem Kommentar zum Strafgesetzbuch[24] lapidar fest: "Das im § 134 a enthaltene Anerkenntnis, daß eine solche Gemeinschaft fähig ist, beleidigt zu werden, und Schutz gegen Beleidigung genießt, hat allgemeine Bedeutung", auch wenn die Strafbarkeit bei Kollektivbeleidigungen an sich zweifelhaft sei, wie Hans von Dohnanyi in seinem Kommentar[25] zu dieser Strafnorm festhielt. Aber "die Vorschrift beseitigt diese Zweifel für die Wehrmacht als solche".

Trotz dieser extensiven Auslegung hatten die Nazis weiter Bedarf an einem eigenen Ehrenschutz: Im Juni 1935 wurde der § 134 b in das Strafgesetzbuch eingefügt, der sich speziell mit der "Beschimpfung der NSDAP" beschäftigte. Was der Reichswehr recht war, sollte der NSDAP und ihren Gliederungen wie SA und SS billig sein: auch diese waren künftig als Kollektiv beleidigungsfähig. 1936 kam Dohnanyi allerdings zu der Überzeugung, daß diese Ergänzung völlig überflüssig gewesen sei, denn durch das "Gesetz zur Sicherung der Einheit von Partei und Staat" von 1933 seien beide bereits "unlöslich verbunden".

Der später als Widerstandskämpfer verhaftete Mitarbeiter im Reichsjustizministerium Dohnanyi hatte aber auch noch auf einen anderen Umstand aufmerksam gemacht: Der Ehrenschutzparagraph war so in die Systematik des StGB eingebaut, daß zum einen die Wahrnehmung berechtigter Interessen als Rechtfertigungsgrund ausschied und daß zum anderen böswillige Verächtlichmachung auch dann vorlag, "wenn der Täter von der inhaltlichen Richtigkeit seiner Äußerung überzeugt" war. Tucholsky hätte also keine Chance mehr gehabt, sich auf seine Erfahrungen als Offizier im 1. Weltkrieg zu berufen oder seine pazifistischen Ansichten als legitimen oder gar schützenswerten Rechtfertigungsgrund vorzubringen. Eine Verurteilung wäre nach diesem Gesetz zwingend gewesen. Vorsorglich zensierte denn auch der in Deutschland gebliebene Gerhard Hauptmann sein 1889 in Berlin uraufgeführtes Stück "Vor Sonnenaufgang" selbst und tilgte 1941 in der neuen Gesamtausgabe die Stelle mit dem scharfen Angriff auf den Soldatenstand:

---

24 J. v. Ohlshausen, Kommentar zum Strafgesetzbuch für das Deutsche Reich. Berlin 1942, S. 585 f.

25 Reinhard Frank, Das Strafgesetzbuch für das Deutsche Reich. Nachtrag zur achtzehnten Auflage. Die Strafgesetzgebung der Jahre 1931 bis 1935. Herausgegeben und erläutert von Ernst Schäfer und Dr. Hans v. Dohnanyi. Tübingen 1936, S. 20 ff.

> Es ist verkehrt, den Mord im Frieden zu bestrafen und den Mord im Kriege
> zu belohnen. Es ist verkehrt, den Henker zu verachten und selbst, wie es die
> Soldaten tun, mit einem Menschenabschlachtungsinstrument, wie es der
> Degen oder der Säbel ist, an der Seite stolz herumzulaufen. Den Henker, der
> das mit dem Beile täte, würde man zweifelsohne steinigen. Verkehrt ist es
> dann, die Religion Christi, diese Religion der Duldung, Vergebung und
> Liebe, als Staatsreligion zu haben und dabei ganze Völker zu vollendeten
> Menschenschlächtern heranzubilden.

Der Bayreuther Verwaltungsjurist Bernhard Weck fand kürzlich auch
noch Belege dafür, daß das Gesetz 1940/41 schließlich bis zur Vollendung pervertiert wurde: aufgrund der analogen Anwendung der Strafnorm
galt eine Rechtslage, derzufolge im "Protektorat Böhmen und Mähren"
und später auch im sogenannten "Generalgouvernement" über den § 134 a
das Deutsche Reich sogar dann schon beleidigt sei, wenn nur ein einzelner "deutscher Volksgenosse" durch einen "Nicht-Deutschen" beschimpft
wurde. Zuständig waren für diese "Delikte" unter anderem die berüchtigten Sondergerichte. Deutlicher kann man nicht mehr machen, zu welch
gemeingefährlichen Auswüchsen die Überhöhung des Ehrbegriffes führen
kann.

Am 30. Januar 1946 wurde der § 134 a und b durch Verfügung des alliierten Kontrollrats aufgehoben. Ausdrücklich wurde auch darauf hingewie-
sen, daß dadurch das ursprüngliche Gesetz nicht wieder in Kraft trete.
Nach genau 50 Jahren soll nun die verhängnisvolle Tradition erneut auf-
leben. Die militärische Führung kann sich - wieder einmal - nicht damit
abfinden, daß sie juristisch verloren hat. Man könnte mit dem konservati-
ven Philosophen Max Scheler auch lediglich von einer merkwürdigen inneren Kontinuität des "gesinnungsmilitaristischen" Geistes sprechen.[26]

---

26 Zur gesamten Thematik siehe ausführlich: Michael Hepp/Viktor Otto, "Soldaten sind
Mörder", Dokumentation einer Debatte 1931 - 1996. Berlin 1996, S. 13 - 92; "Soldaten
sind Mörder" - Zitate aus zwei Jahrtausenden. Hrsg. von Michael Hepp im Auftrag der
Kurz-Tucholsky-Gesellschaft. Berlin 1997.

Kurt Tucholsky, Deutschland, Deutschland über alles (Buchumschlag)

Harry Pross

Meinungsspiel und Meinungsterror in der Weimarer Republik[1]

Vorweg sei gesagt, daß zeitliche Abgrenzungen in der Geschichtsbetrachtung künstlich sind. Sie versuchen, auf den Kalender zu bringen, was vorher angefangen hat und nachher weitergegangen ist. Historische Daten sind Syndrome von erkannten und unerkannten Merkmalen sozialer Bewegungen, so auch, wenn wir von 1918 bis 1933 sprechen oder von 1933 bis 1945 oder neuerdings anfangen, mit dem "Fall der Mauer" zu rechnen.

1

Hierzu zwei Beispiele: Am 11.7.1933 gab der Kuratus Kascha im schlesischen Oberwitz, Kreis Großstrelitz, zu Adolf Hitlers Frömmigkeit folgende Erklärung in der "Ostdeutschen Morgenpost", Beuthen, ab:

> Da in weiten katholischen Volkskreisen noch immer die Ansicht verbreitet ist, daß unser Herr Reichskanzler Adolf Hitler der katholischen Kirche als Katholik feindlich gegenübersteht, möchte ich als ehemaliger Kaplan von Pasewalk, wo ich gleichzeitig Garnisons- und Lazarett-Seelsorger war, und zwar in der Zeit vom August 1918 bis August 1920, die Erklärung abgeben, daß der damalige Gefreite, Herr Adolf Hitler, andächtig dem katholischen Gottesdienst beigewohnt hat und ich ihn aus dieser Zeit als gläubigen Katholiken kenne. Diese Erklärung mußte ich abgeben, da der damalige Pfarrer bereits tot ist, und damit den Schmähungen gegen den Herrn Reichskanzler endlich die Spitze abgebrochen wird.

Der Text verbindet die gebräuchliche Vorstellung, daß der gläubige Katholik "andächtig dem Gottesdienst beiwohnt", mit der Wahrnehmung eines neuen "Herrn Reichskanzler". Sie gestattet den Lesern, sich aus ihren inneren Vorstellungsbildern von Frömmigkeit und äußerer Mitteilung ihr subjektives Bild von "Wirklichkeit" zu konstruieren. So entstehen Meinungen überall in der Welt.

---

1 Stark gekürzte Überarbeitung meines freien Vortrags dank Tonbandabschrift von Marita Bruns.

Daß es unvernünftig war, sich aus der Frömmigkeitsbescheinigung für den Gefreiten der Jahre 1918 bis 1920 ein Bild des Reichskanzlers von 1933 zu machen, ist hinterher leicht zu erkennen; aber wir erleben täglich, daß in Krisen die Urteilsfunktion den Bräuchen mehr Kredit einräumt als dem Zweifel, den sie zu beschwichtigen sucht.

Der menschliche Geist bevorzugt aus praktischen Erwägungen der Wegersparnis und dem hieraus sich ergebenden ästhetischen Gefallen die gerade Linie. Er unterliegt deshalb leicht dem Irrtum, daß Namen und Symbole die Wechsel überdauern, weil sie noch immer dem Vorstellungsbild entsprechen, das man einst von ihnen hatte.

Walter Mehring schrieb 1934 in seiner Satire "Müller, Chronik einer Sippe", keiner dieser "Müllers" sei für seine Taten und Worte verantwortlich gewesen, aus jedem spreche nur die Meinung, die Regierende ihren Untertanen zubilligten. Das war nichts Neues. Daß die Macht auch die Meinungen macht, ist durch die Jahrtausende immer wieder gesagt worden. Der Vorsokratiker Heraklit fand eine andere Metapher: "Die Meinungen der Menschen sind wie der Kinder Spielzeuge".

Der Vergleich mit den Spielzeugen macht verständlich, warum wir unsere Meinungen über alles lieben und sie gerne wahrnehmbar machen in Worten und Bildern, in Mimik, Gestik, Duft und Geschmack. Wir wollen uns selber beweisen, bis in die Wortspielereien der Dichter und die Berechnungen der Wissenschaftler hinein. Die Einstein, Picasso, Klee, die Mühsam und Tucholsky sind ja darum auch die Vorspieler der Meinungsfreiheit. Walter Mehring frönte dem Kabarett. Er spielte beim Dada mit. Wenn wir genauer hinsehen, entdecken wir noch in den schaurigsten Konfrontationen des Meinungsspektrums allerlei Verspieltes, das dem Holländer Johan Huizinga recht gibt, der den Menschen als "homo ludens" eingestuft hat.

2

Der permanente Widerspruch von Personen, Gruppen, Interessen und Werten sorgt dafür, daß in den alten Schläuchen ständig neuer Wein gärt. Das damit verbundene unvermeidliche Risiko sondert Minderheiten von der Mehrheit ab. Sie hält sich an Bräuche und Konventionen und geht mit deren symbolischen Auszeichnungen konform. Minderheiten lassen aus verschiedenen Gründen und mit unterschiedlichen Interpretationen abweichende Meinungen verlauten. Das heißt nicht, daß diese Abweichler recht haben, noch, daß Minderheiten als solche vernünftiger wären: Der junge Attentäter, der den israelischen Ministerpräsidenten Rabin erschoß, gehört zu einer Minderheit, die mosaische Gesetze fundamental in die Praxis umsetzen will und sie der Mehrheit aufzwingen. Fundamentalisten haben andere Ansichten von Tod und Leben. Sie gehen nach ihrer eigenen Uhr über Leichen, auch über die eigenen.[2]

Deshalb bleiben sie in der Minderheit, wie die rassistischen Brandstifter hierzulande, die der ethnischen Psychose im Feuerkult opfern. Sie setzen dabei noch immer den Kampf der alten Germanen gegen die Römer fort, mit denen aus Süden und Südosten das Völkergemisch lateinischer Kultur bis an den Limes kam. Übrigens hat sich an diesen mythischen Motivationen in den letzten 40 Jahren Bundesrepublik nichts geändert. Friedhofsschändungen, von denen ich 1956 berichten mußte, wiesen noch hinter den politischen Antisemitismus auf den religiösen Antijudaismus zurück und damit auf kultische Opferspiele zur magischen Absicherung der Zukunft, die immer großen Zulauf gehabt haben.

Das ist "infantile Wiederkehr des Totemismus", die Sigmund Freud 1912/13 beschrieben hat.[3] Der Kult geht dem Dogma nicht nur voraus, sondern auch hinterher, wie das Olympiajahr 1996 wiederum veranschaulicht: Zeus ist längst tot; aber noch immer verehrgeizigt sich "die Jugend der Welt" auf der ursprünglich dem Gott geweihten Olympiade. Sechzig Jahre nachdem Hitler in Berlin die Parade abnahm und der Erneuerer der Spiele, der französische Patriot Coubertin, ihm die Ehre erwies, scheinen die Spiele nun dem Mammon geweiht.

In den alten Schläuchen gärender Veränderungen erhalten sich geheime Meinungsverbände, die oft genug den Ton angeben, in sich aber dicht halten. Diese Meinungskartelle können jeglichen Brauch von innen verändern, indem sie ihn in abweichendem Sinne gebrauchen. So ändert momentan unter großer Begeisterung von Volk und Regierung die Medienkonzentration den Brauch freier Meinungsäußerung: Die neuen Medieninhaber fabrizieren die Anschauungen der Mehrheit für die nächsten Generationen vor, indem sie deren technisches Instrumentarium diktieren.

Auch einfache Täuschung ändert die Bräuche: In Bayern stellte sich unlängst heraus, daß ein allseits beliebter CSU-Minister jahrelang unter

---

2   A. R. Bodenheimer, Rabins Tod. Zürich 1996.
3   Studienausgabe, Band IX.

Pseudonym für ein rechtsradikales Blatt geschrieben hatte. Die Sache kam auf, nachdem er gestorben war. Sogleich erbitterten sich Leute, die sich in ihrem Glauben an den Amtsbrauch enttäuscht sahen. Solche Menschen wollen eben glauben, daß alles mit rechten Dingen zugeht, weil sie sonst ihren Rückhalt und ihr bürgerliches Selbstbewußtsein verlieren. Hätte ein Journalist früh die Wahrheit über den Minister herausgefunden, wären sie über den Journalisten hergefallen und hätten ihn stellvertretend verteufelt. "Man" will "mit der Zeit" gehen, nicht "gegen den Strom schwimmen".

3

Hiergegen das zweite Beispiel zur Fragwürdigkeit kalendarischer Abgrenzung: In einer Polemik gegen den holländischen Schriftsteller Menno ter Braak fragte der deutsche Exilant Ludwig Marcuse am 12.1.1935 im "Neuen Tage-Buch" (Paris-Amsterdam), warum denn die Emigrationsliteratur mehr sein solle, als eine Fortsetzung bisheriger Werke der Schriftsteller:

> Aber weshalb soll sie *mehr* sein? Nur weil der Hindenburg den Hitler an die Macht gelassen hat, soll Heinrich Mann das Wunder vollbringen, ab Januar 1933 mehr zu geben als die Fortsetzung seines bisherigen Werkes? Liegt nicht darin seine Größe und der Beweis für seine geistige Solidität, daß sein 'Haß' gegen Hitler die organische 'Fortsetzung' seines Hasses gegen Wilhelm II. ist? Es ist das gemeinsame Merkmal aller echten Gegner des Nationalsozialismus, daß sie in ihm *kein geistiges Ereignis* erblicken, keine ebenbürtige Antithese. Sie sind im tiefsten unbewegt von dieser Bewegung. Weshalb sollte also die Inthronisation Hitlers eine Wendung in der Produktion von Menschen hervorrufen, die in diesem Vorgang *nicht* eine neue Offenbarung sehen, sondern nur die Verwirklichung ihrer alten Theorie von der Entwicklung - oder ein Factum brutum?

Lassen wir den naheliegenden Vergleich mit der Unterschätzung Hitlers durch den Pfarrer Kascha beiseite, so belegt Marcuse mit seinen Fragen erstens, daß Nonkonformisten durch ihre teilnehmende Beobachtung an die herrschenden Bräuche gebunden sind, und daß sie zweitens ihre eigenen Theorien brauchen. Ohne deren kritischen Hintergrund können sie die gesellschaftlichen Symptome nicht unterscheiden, die sich dann zu Syndromen verknäulen, denen man kalendarische Würden verleiht - 1914, 1918, 1933, 1945, 1949, 1989 - , bis dann die Kalenderzahl selbst mystifiziert wird: "Das Jahr 2000!", obschon das neue Jahrtausend rechnerisch erst mit 2001 beginnt. Der Jahrtausendfüßler kommt ins Stolpern, wenn er seine Füße zählt. Versuchen wir dennoch, 1918 - 1933 ins Jahrhundert einzustellen, weil Mühsam, Tucholsky und Ossietzky auf uns nachwirken. Den kulturgeschichtlichen Rahmen habe ich in meinem Vortrag "Zivilisationsliteraten - ein deutsches Stigma" (1994) abgesteckt. Heute geht es um Meinungsfreiheit.

4

Vor hundert Jahren, 1896, erschienen in München zwei Wochenschriften neu, die das Recht auf freies Wort, freie Kunst und freie Bewertungen, welche die Verfassung des Deutschen Reiches nicht garantierte, ungebräuchlich beanspruchten: "Die Jugend" und "Der Simplicissimus". Unter den rund viertausend Zeitungen und Zeitschriften jener Zeit haben beide durch ihre Verbindung von kurzen Texten mit farbiger Graphik stilbildend gewirkt. Die Kombination zielte auf Kritik der herrschenden Sitten und Bräuche und hob sich ab vom Stil pointierter Witzblätter wie dem "Kladderadatsch". Überdies zeigten beide Blätter die "Neue Kunst" der Jahrhundertwende mit ihren libidinösen Verschlingungen so intensiv, daß der Titel, "Die Jugend", zur Stilbezeichnung im Deutschen wurde und bis heute "Jugendstil" heißt.

Zu den gärenden Inhalten der alten Staatseinrichtungen zählten vielerlei emanzipatorische Bewegungen der Frauen, der Industriearbeiterschaft, der Pädagogik und Lebensreform als körperliche Befreiung, Vegetarismus - allesamt Versuche, sich im militärisch-industriellen Komplex namens Deutsches Reich und seinen städtischen Agglomerationen neu zu orientieren. Nicht zu vergessen die Begleitmusik: "Wenn die Soldaten durch die Stadt marschieren" und sonntags in den Biergärten die Militärkapellen aufspielten, hat so manches Kind, wie der vierjährige Golo Mann beim Kurkonzert in der Sommerfrische 1913 in Bad Tölz, sein erstes Lied gelernt. In den Fabriken wurde im Takt der Transmissionsriemen gesungen. Der Ökonom und Soziologe Karl Bühler legte 1896 seine Studien zu "Arbeit und Rhythmus" vor. Gassenhauer, Volks- und Wanderlieder übertönten den Kirchen- und Kunstgesang, in den sich die unterdrückten Meinungen in den Jahrzehnten der "Heiligen Allianz" und der Reaktion nach der gescheiterten Revolution von 1848/49 geflüchtet hatten. Aus den Pariser "Cafés Chantants" wurden in Berlin die "Tingeltangel": Blechmusik mit Chansons.

"Donnerwetter Tadellos. Das Kabarett zur Kaiserzeit 1900 bis 1918", wie Volker Kühn es überliefert, hat seine Vorbilder im französischen Chanson; aber auch der Anspruch auf Meinungsfreiheit, den es einspielt, kommt aus der französischen Erklärung der Menschen- und Bürgerrechte, "wo jeder Bürger frei reden, schreiben und drucken" kann. Demgegenüber war das "Reichspressegesetz" von 1874 weit zurück. Es schaffte zwar die Vorzensur ab und definierte Verbrechen und Vergehen, die nur aufgrund geltender Strafgesetze zu verfolgen waren; doch erwies sich die Rechtsinstitution des Staates je länger, je mehr auf ihre Formalitäten bedacht.

Künstler, Schriftsteller, Kabarettisten und Karikaturisten hingegen wollen das Typische zeigen, das des Landes Brauch ist und in Personen hervortritt. Liliencrons berühmtes Militärgedicht, "Dsching bum, dsching bum, dschingbumsera! Kommt im Triumph der Perserschah? Voran der Schellenträger [...]", ironisiert den Einzug einer Kompanie, der die kleinen Mädchen hinterherlaufen, die Wirksamkeit eines damals typischen Auftritts. Der in "Simplicissimus" und "Jugend" immer wieder karikierte Leutnant typisiert einen Vertreter der Oberklasse. Käthe Kollwitz und andere haben arme Leute als Typen dargestellt. Es war aber nicht Brauch, die herrschende Schicht öffentlich zu karikieren, sondern vor ihr zu katzbuckeln. So wurden die Gerichte mit einer Unzahl von Klagen befaßt, die im Grund soziale Konflikte zwischen Minderheiten und Mehrheiten zugunsten der sozial Stärkeren entschieden.

Ähnliches geschah und geschieht in der Bundesrepublik heute noch, wenn Meinungsäußerungen einzelner wegen Eingriff in die Gewerbefreiheit verklagt werden (Geschäftsschädigung). Meistens stehen da finanzstarke juristische Personen gegen kritische Reporter, Schriftsteller oder Künstler, die einen längeren Prozeß gar nicht führen können, weil er ihre Existenz bedrohen würde. Das mahnt andere potentielle Kritiker zur Zurückhaltung. Es trägt dazu bei, daß "die herrschenden Gedanken die Gedanken der herrschenden Klasse" bleiben, ohne daß der Begriff "Klasse" wie bei Karl Marx[4] gefaßt werden muß: die schwächere finanzielle Position schmälert die Rechtsfähigkeit, was einer Minderung der Ehre gleichkommt. Zwar postuliert die Verfassung Meinungsfreiheit für alle Bürger; aber in der Praxis differenziert das Postulat in zwei Klassen, solche, die

---

4   Marx - Engels, Werke, Band 3, S. 46.

ihre persönliche, Standes-, Firmen-, Bürgerehre finanziell verteidigen können, und die Unbemittelten, die ihre Meinung unterdrücken.

5

Vor neunzig Jahren, 1906, als das Wettrüsten mit der zweijährigen Dienstpflicht in Deutschland und der Aufrüstung der britischen Kriegsmarine sich verstärkte, als Maximilian Harden in seiner kleinen Zeitschrift, "Die Zukunft", die Hofkamarilla Wilhelms II. anprangerte und die SPD den Massenstreik diskutierte, war "Militarismus und Antimilitarismus" (August Bebel, 1907) das Thema. Der Nervenarzt Willy Hellpach diagnostizierte "die geistigen Epidemien" (1907). Schon seit der Jahrhundertwende hatten triviale Zukunftsvisionen - "Die Abrechnung mit England" (Risenhart), "Wehrlos zur See", "Der Weltkrieg - Deutsche Träume" (Niemann, 1904) - den "Zusammenbruch der Alten Welt" (Seestern, 1906) beschworen, gefolgt von Hoffnungen auf "Berlin - Bagdad. Das deutsche Weltreich im Zeitalter der Luftschiffahrt 1910 - 1931" (Martin, 1907) und derselbe zwei Jahre später "Der Weltkrieg in den Lüften" (1909).

Die imperialen Prophetien bewirkten, daß der deutsche Knabe sonntags ein Matrosenanzügchen tragen mußte und der Zeppelinpatriotismus bis zur Katastrophe von Lakehurst 1937 ungebrochen blieb. In einem solchen semiotischen Umfeld kann seine Theorie nur behaupten, wer sie am Gegenstand festmacht wie Hellmut von Gerlach, Hans Paasche, Fritz von Unruh, Ludwig Renn, die von Offizieren zu Pazifisten wurden, vor allem aber der Physiologe und Kardiologe, Hofarzt und Universitätsprofessor Georg Friedrich Nicolai. Er begann eine Vorlesungsreihe über die "Biologie des Krieges" und mußte sie abbrechen. Einzelne Kapitel erschienen in Pfemferts Zeitschrift "Aktion", das Ganze 1917 in der Schweiz und danach vielfach übersetzt. Nicolai erklärte den Krieg aufgrund der technisch-wissenschaftlichen Entwicklung für überholt und Europa zum Zusammenschluß verpflichtet.

In diesem Sinne hatte Nicolai 1914 dem Rechtfertigungsversuch von 93 deutschen Prominenten, "Aufruf an die Kulturwelt", ein Manifest entgegengestellt. Nur Albert Einstein und Friedrich Wilhelm Förster haben es mitunterzeichnet. Die anderen hielten sich an den patriotischen Brauch und schäumten pflichtgemäß, wo sie nicht schießen durften. Selbst Mühsam, der von 1911 bis 1914 als Herausgeber des "Kain" reüssierte, hat sich 1915 fragen müssen, wie die Kriegsbegeisterung vom Sommer 1914 ihn für eine Weile mitreißen konnte. Die Tatsache wäre aus der gleichen Psychose in allen Hauptstädten Europas wohl zu erklären, wie auch aus der persönlichen Sensibilität; man muß aber den Wahrheitssuchern die Möglichkeit von Irrtümern zugestehen, sonst verliert die Meinungsfreiheit ihr Fundament im Verhältnis von Spruch und Widerspruch.

Daß die Deutschen 1913 viel siegesgewisser gestimmt waren als 1871, hat Heinrich Mann festgehalten. Das deckt sich mit Tucholskys Beitrag in der "Schaubühne", wo er schreibt, daß 1913 jeder Bauchaufschwung ein patriotisches Bekenntnis sei, und mit Ossietzkys Artikeln gegen "Mars".

Die Justiz des Kaiserreiches hat nicht dazu beigetragen, das Meinungsspiel zu befreien. Vielmehr hat sie Autoren, Künstler und Journalisten, die zu wissen glaubten, ihrer persönlichen Ehre schuldig zu sein, neu zu gestalten und Mißstände zu kritisieren, desavouiert: Die Rede des Kaisers von 1901 gegen die neue Kunst, die Diffamierung intellektueller Gemeinschaften wie Forte di Marmi, Hellerau, Worpswede, Monte Verità - die Abwertung der Boheme überhaupt taten ein übriges. Dadurch wurde der Zugang zu den staatlichen Fakultäten verbaut. Die Sozialdemokraten schlossen ihre "Jungen" aus und bewilligten die Kriegskredite, damit ihre Soldaten mit "Gott mit uns" auf dem Koppelschloß 1914 in den Untergang des alten Europa ziehen konnten, den Hitlers Wehrmacht, gleicherweise angekoppelt, dann 1939 beendete.

Kriegsgegner wurden leibhaftig bedroht wie die Münchner Schriftstellerin Anette Kolb, als sie 1916 in einem Dresdner Vortrag sagte, vielleicht wäre der Krieg zu verhindern gewesen, wenn man vorher 200 kriegshetzerische Journalisten füsiliert hätte. Schon 1915 hatte der Episkopat die Exhortatio des Papstes Benedikt XV. gegen die "grauenhafte Schlächterei des Krieges" geschönt. Die Auseinandersetzung um die Marginalie, die Kurt Tucholsky 1931 dazu schrieb, als die "Weltbühne" den vollen Text veröffentlichte, erregt noch heute die Leute.[5]

Ohne den tiefsitzenden, den "eingefleischten" Militarismus vor und im 1. Weltkrieg sind weder die Fememorde zu verstehen, die Julius Gumbel aufgelistet hat, was ihn dann sein Lehramt für Mathematik an der Universität Heidelberg kostete, noch die Meinungskämpfe in der Weimarer

---

5 Inzwischen haben Michael Hepp und Viktor Otto die Debatte 1931 - 1996 verdienstlich dokumentiert: "Soldaten sind Mörder". Dokumentation einer Debatte 1931 - 1996. Berlin 1996.

Republik, weder die hohen Auflagen des Bestsellerautors Ernst Jünger noch die gekippte Verfilmung von Remarques Roman "Im Westen nichts Neues" und nicht der militärisch-industrielle Komplex Deutschland. Hierzu ein paar Symptome, ohne jeden Anspruch auf Vollständigkeit.

6

Eines der interessantesten Dokumente stammt vom Philosophen Max Scheler: "Der Genius des Krieges und der deutsche Krieg" (1915). Darin stellt er eine Kategorientafel des englischen Denkens in deutscher Übersetzung auf, analog zu den sprachlichen Restriktionen "Gott strafe England" als Grußform, "Auf Wiedersehen" statt "Adieu", "Bürgersteig" statt "Trottoir" und so weiter. Scheler bereicherte, wie die Unterscheidung des Nationalökonomen Werner Sombart in (deutsche) "Helden" und (englische) "Händler" (1915), die deutsche "Geistes- und Gemütskultur" mit der Unterscheidung von "Gesinnungs- und Zweckmilitarismus". Darin erklärt er das Deutsche Reich als Ausfluß des preußischen Gesinnungsmilitarismus, der kein Werkzeug, sondern ein Kunstwerk sei:

> Er hat sich dem Gesamtleben des Volkes nicht von außen angesetzt, sondern ist, wie gewisse kalkige Schalen von Meerestieren, ein Werk wesentlich innerer, organphysiologischer Arbeit. Erst *sekundär* tritt daher sein Ausdruck, das Heer, in den Dienst politischer und sonstiger Zwecke. Zuerst und zunächst stellt das Heer nur die sichtbar gewordene Form eines bestimmten Wertungs- und Lebenswillens dar - eine Form, an welcher der gesamten moralischen Welt sichtbar, fühlbar, greifbar wird, es lebt hier ein Volk, das die Ehre dem Nutzen voransetzt, die Macht des Ganzen allen bloßen Interessen und Vorteilen von Gruppen und Klassen, Kampf und Arbeit der Behaglichkeit, Zucht der Erwerbs- und Genußgier, die Spannung der Pflicht den angenehmen Folgen ihrer Erfüllung, den Wert der Opferkraft selbst dem Wert aller Dinge, *für* die man opfert.[6]

Zwar rechtfertigt Scheler mit seiner Definition die Versuche von Dissidenten, die "kalkigen Schalen" aufzubrechen; aber er wollte im Gegenteil den Gesinnungsmilitarismus als moralisch überlegen darstellen, weil er über dem Nutzen stünde. Der Nutzen, den die Militärkaste davon hatte, blieb unerwähnt, weil Scheler das Deutsche Reich von 1871 als Ergebnis des Gesinnungsmilitarismus einschätzte, nicht etwa als Überlagerung der Mehrheit durch kleine Minderheiten. Den Herrschenden bringe ihr Gesin-

---

6   Gesammelte Werke, Band 6, 1963, S. 189/90.

nungsmilitarismus höheres Verantwortungsgefühl bei. Umgekehrt haben pazifistisch gesonnene Völker ein minderes Kriegsethos:

> Dieser Krieg (1914 - 1918) ist darum der furchtbarste und unsittlichste Krieg, den die Geschichte kennt, weil er, im großen ganzen gesehen, ein Krieg der stark pazifizierten Völker Europas ist - ein Krieg der Völker selbst, nicht ihrer Dynastien und Regierungen, nicht ein Krieg vorwiegender Standesheere, sondern vorwiegender innerlich demokratisierter Volksheere. [...] Der Pazifismus erklärt den Krieg als Massenmord: in der Tat - er *wird* es, wo die pazifistische Gesinnung vorwiegend wird. Nichts ist auch klarer als dies, daß die Kriegstötung den Charakter eines Willens zur individuellen Personenvernichtung, d. h. eines Willens zum *Mord* um so mehr annehmen muß, je stärker der Mensch seinen Existenzkern in seine Lebenssphäre und in seine Sphäre als sichtbares soziales Einzelwesen verlegt empfindet, und je mehr das irdische Leben des einzelnen als höchster Wert und als die *einzige* Existenzform des Menschen gilt.[7]

7

Schelers Essay "Über Gesinnungs- und Zweckmilitarismus" rechtfertigt nicht nur den Kadavergehorsam, der sich im 2. Weltkrieg im Völkermord erfüllen sollte. Sie salbt nicht nur die Sekundärtugenden der Pünktlichkeit, des Gehorsams und der Pflichterfüllung mit den Weihen des Deutschen Reiches, sondern macht auch deutlich, warum die durch den Versailler Vertrag den Deutschen diktierte Abrüstung nicht greifen konnte: Die Niederlage verstärkte den Gesinnungsmilitarismus. James Garvin vom Londoner Observer warnte 1919, man müsse mit den Völkern, nicht mit den Politikern rechnen. Die Fememorde an Pazifisten wie Paasche und Verständigungspolitikern wie Rathenau und Erzberg, an Eisner, Landauer, Luxemburg und Liebknecht bestätigten ihn; aber auch Carl von Ossietzky warf dem zum Schutz der Republik gegründeten Reichsbanner Schwarz-rot-gold seine Uniformeitelkeiten vor: in jedem Deutschen sei ein Korporal versteckt, und zwischen schwarz-weiß-rot und schwarz-rot-gold wohl kein so großer Unterschied. Er behielt recht.

Die Wahl des preußischen Generalfeldmarschalls von Hindenburg und Siegers gegen die Russen in der Schlacht von Tannenberg 1914 zum Reichspräsidenten 1925 verband die Republik auch symbolisch mit Schelers "organphysiologischem" Militarismus. Im selben Jahr fixierte der Berliner Vertrag die geheime Aufrüstung von Reichswehr und Roter Ar-

---

7   S. 198.

mee. Vor diesem Hintergrund sind die Verratsprozesse gegen Pazifisten verständlich, aber auch die paramilitärischen Verbände aller Schattierungen, die fünf Jahre später Millionenstärken erreichten.

Ernst Bloch hatte den Hitlerputsch vom November 1923 - fünf Jahre nach dem Waffenstillstand November 1918 - kommentiert, "Hitlers Gewalt" baue eine "Truppe mit Mythos" auf.[8] Eine weitsichtige Prognose, bedenkt man die Legendenbildung und die kultischen Inszenierungen der Hitlerpartei bis zur sogenannten "Reichskristallnacht" 1938, die rituellen Morde an Deutschen, dann an Ausländern bis zu des "Führers" persönlichem Befehl des Vernichtungskrieges im Osten am 30. März 1941, den der Gesinnungsmilitarismus prompt ausführte.

1925 begann die öffentliche Diffamierung des jüdischen Reformpädagogen Theodor Lessing, die mit seiner Ermordung durch sudetendeutsche Nazis im Exil endete. Die zivilistische Emanzipation, die, befreit von fabrikmäßigem Mord in den Materialschlachten, sich in Tanzepidemien, neuer Kunst, Jazz, Nacktkultur der wilhelminischen Korsetts vollends entledigt hatte, wurde wieder uniformiert, wozu Film und Presse erheblich beitrugen. Die Berliner Journalistin Gabriele Tergit hat mit ihren bekannteren Kollegen, Sling und Inquit, den Rückwärtsgang der Weimarer Demokratie in Gerichtsreportagen beschrieben. Sie raten auch heute noch, die Justiz sorgfältig zu kontrollieren als ein Perpendikel zwischen Rechts- und Unrechtsstaat.

Aus dem Meinungsspiel machten die Nazis den Meinungsterror auf der Straße: "Tatpropaganda". Im Wahlkampf zum Reichstag 1930 beantragte die NSDAP-Fraktion am 12. März 1930 das gegen rechtsradikale Morde erlassene "Gesetz zum Schutze der Republik" in eines "zum Schutze der deutschen Nation" umzuwandeln. Es sollte den Ehrenschutz für das Militär mit der Verfolgung "fremdrassiger" Beziehungen bis in die Schlafzimmer verbinden. Zuchthaus für "Rassenverrat". In der Wahl vom 14.9.1930 honorierte das Wahlvolk die Militärrassisten, indem es ihnen 107 statt bisher 12 Abgeordnete zubilligte.

Dem war die Republik nicht gewachsen. Der Philosoph Ernst Cassirer, nicht wie Bloch von Marx, sondern von Kant kommend, hat in seinem letzten Buch, 1945, eingestanden, man habe die Entwicklung unterschätzt

---

8   Das Tage-Buch, 12.4.1924.

und nicht begriffen, daß politische Mythen hergestellt werden wie Maschinengewehre, was wir im heutigen Dauerfeuer von Propaganda und Reklame schon voraussetzen. Daran ist zu denken, wenn verantwortliche Politiker 1996 versichern, "Bonn ist nicht Weimar", was wohl vor vierzig Jahren gelten mochte, als der Schweizer Publizist und Bewunderer Erhards, F. R. Allemann, so schrieb; was aber nicht gelten muß, nachdem der Beitritt der DDR deren preußisch-militaristische Tradition mit den Begehrlichkeiten einer kommerziell manipulierten Konsumgesellschaft Deutschland zum stärksten militärisch-industriellen Komplex in Europa vereinigt hat.

8

Ich möchte abschließend drei Vordenker der Weimarer Republik nennen, deren Kategorien vielleicht helfen können, die eingangs zitierten "Kalkschalen" der gebräuchlichen Meinungen zu knacken. Die drei sind jüdischer Herkunft, und ihre Werke haben den deutschen Meinungsterror überlebt: Sigmund Freud (1856 - 1939), Franz Oppenheimer (1864 - 1943) und Ernst Cassirer (1874 - 1945). Keiner hat uns eine Rezeptur hinterlassen, aber alle drei Schulen, die sich gegenseitig bekämpfen und ihren Lehrern widersprechen. Das ist gut so, denn nur aus Spruch und Widerspruch kann man lernen. So haben Freud, Cassirer und Oppenheimer selber das Meinungsspiel fortgesetzt und damit für uns und andere Freiheit gewonnen.

Von Freud zitiere ich die Einsicht, daß jeder einzelne Mensch organisch durch die Notwendigkeit bestimmt wird, sich seiner Umwelt ideell und materiell zu bemächtigen, sich einzuverleiben, was er wieder ausscheiden muß, innen und außen zu trennen, um seine Haut zu retten. Das klingt sehr einfach und ist es auch, impliziert aber zahllose leib-seelische Praktiken, die zu individuellen und sozialen Schäden führen können. Der Band "Religion und Gesellschaft"[9] gibt darüber Auskünfte, die zur Meinungsbildung in Nebenwerken zwischen den beiden Weltkriegen gewonnen wurden.

Freud schrieb 1915 "Zeitgemäßes über Krieg und Tod", "Die Zukunft einer Illusion" (1927), "Das Unbehagen in der Kultur" (1930). Er faßte im Briefwechsel mit Albert Einstein (1932) seine Ansicht zusammen, daß der

---

9   Studienausgabe, Band X.

Destruktionstrieb weder in der brachialen noch in der intellektuell gestützten Gewalt ausrottbar sei. Es komme darauf an, eine Gefühlsbeziehung der Mehrheit zu einer übergeordneten Rechtsinstitution herzustellen. Freud und Einstein folgten der Idee des Völkerbundes, der in der Praxis schon an Bedeutung verlor, weit davon entfernt, eine Zentralgewalt zu werden, deren Richterspruch sich die widerstreitenden Interessen unterwerfen. Schon Immanuel Kant hatte in seiner Friedensschrift 1796 eine Weltpolizei gefordert und über dieser genug Meinungsfreiheit, sie zu kontrollieren.

In Wahrheit kamen in Nazideutschland jene Übereinstimmungen im Seelenleben der Wilden und der Neurotiker wieder hervor, die Freud in "Totem und Tabu" 1912 - 1913 der älteren Ethnologie gegenüber behauptet hatte.

Wie der Nervenarzt Freud hat der nur acht Jahre jüngere Franz Oppenheimer seine sozialen Erfahrungen aus der medizinischen Praxis gewonnen, allerdings nicht in der effeminierten Wiener Gesellschaft, sondern in einem Berliner Arbeiterviertel. Er ging zur Nationalökonomie und Soziologie über und baute ebenfalls auf die Ethnologie seiner Zeit. Einer der letzten Doktoranden des ersten Frankfurter Soziologieprofessors war der spätere "Vater der Sozialen Marktwirtschaft", Dr. Ludwig Erhard. Oppenheimer verstand im Zusammenhang mit den Arbeitersiedlungsbewegungen und zionistischen Bestrebungen schon vor dem 1. Weltkrieg den Staat als eine formale Rechtsinstitution, deren Inhalt vom Konflikt um den Arbeitsertrag einer bewirtschafteten Mehrheit und einer bewirtschaftenden Minderheit bestimmt wird. Dem Staat fällt also die Aufgabe zu, für Gerechtigkeit = gerechte Verteilung, zu sorgen. Darüber kann man lange diskutieren und seine Meinungen dabei ändern, was angesichts der systemimmanenten Umverteilungskrisen des Kapitalismus nicht verwundert.

Oppenheimers Programmschrift "Weder so - noch so: Der dritte Weg" (1932) wurde, wie die anderen Beiträge der "Neuen Blätter für den Sozialismus" (Paul Tillich, Hermann Heller, Hans Simons, Rudolf Küstenmeier, Eduard Heimann) vom Meinungsterror der Nazis unterdrückt. In schmucken SS-Uniformen stiegen hingegen "Konservative Revolutionäre" aus dem Umkreis der Zeitschrift "Die Tat" in die intellektuell nur schwach besetzten Führerpositionen der braunen Galeere auf. Manche von ihnen, wie Giselher Wirsing und Hans Zehrer, sah man nach 1949 die Bundesrepublikaner Pressefreiheit lehren (BILD-Zeitung und Springer-Konzern der eine, "Christ und Welt" der andere). Dies ist zum Verständnis der Situation 1996 so unerläßlich zu wissen, wie Schelers Lobpreisung des "Gesinnungsmilitarismus" im aktuellen Streit um das Tucholsky-Zitat.

9

So viel Lärm um eine Marginalie von 1931! Der Siedlungstheoretiker Oppenheimer machte die "Bodensperre" zum Drehpunkt soziologischer Entwicklungen und formulierte: "Wer Land hat, hat die Macht." Das ist gewiß: Auch See- und Luftmächte brauchen Standorte, "Raumstationen" aller Art, Boden unter den Füßen. Frei-Räume, die der Einzelne oder ein Kollektiv eingrenzt und andere ausgrenzt. Toleranz ist ein räumliches Phänomen. Über Meinungskämpfe entscheiden auch die Orte, an denen sie stattfinden: Märkte, Kanzeln, Zeitungsseiten, Studios, Kabinette, Börsen und so weiter. Freuds "Bemächtigungsdrang" richtet sich auf Räumliches. Das Tucholsky-Zitat soll öffentlich verboten werden, heißt, es aus dem allen zugänglichen Raum aussperren und seine Verbreiter einsperren. Das ist so, weil der Mensch in seinem Bemächtigungsdrang räumlich und zeitlich beschränkt ist und versucht, diese natürliche Beschränktheit durch wahrnehmbare Laute, Gesten, Mimik, Körperhaltung zu verbessern. Damit etwas davon verständlich wird, muß es sich in einen Vorrat an Bedeutungen einfügen, der schon vorhanden ist. Man sagt, die Sprachen der jeweiligen Menschengruppen "sprechen". Sie neigen aus der Logik ihrer gemeinsamen Zeichen ihrerseits dazu, sich für den Mittelpunkt der Welt zu halten, weil ihr Raum ihre Wirklichkeit ist: "Unter sich sein", nicht "außer sich"!

Seit 1921 hat der kantianische Philosoph Ernst Cassirer die Praxis der zusammengeworfenen Erkennungszeichen in eine Theorie der symbolischen Formen gebracht. Die vielfältigen äußeren Erscheinungen der vom Uniformzwang des Krieges befreiten Völker legten nahe, der Sache praktisch nachzugehen. Cassirer jedoch dachte von der Philosophiegeschichte her und erst ein Grundkurs für amerikanische Studenten (*Essay on Man*, 1944) hat den Gesamtzusammenhang von Sprache, Wissenschaft, Mythos, Religion und Künsten, Recht und Bräuchen als Verantwortlichkeit jedes einzelnen für seine Wirklichkeit leicht faßlich vorgestellt. An der Verbindung der geistigen Energie mit der Kulturentwicklung über die

Zeichen, die Menschen geben, und den Symbolen, denen sie folgen, war freilich kein Zweifel von Anfang an.

In einer Hamburger Universitätsrede zur Zehnjahresfeier des Kriegsendes sprach Cassirer 1928 über "Die Idee der republikanischen Verfassung". Er nannte sie auch ein deutsches, nicht nur westeuropäisch-nordamerikanisches Erbe. Cassirer vertraute auf den "Verfassungspatriotismus", wie die Demokraten seiner Zeit; aber für die viel stärkeren nationalistischen und militaristischen Subjekte, Vereine und Parteien war die Weimarer Verfassung ein Fetzen Papier ohne die sichtbare Wirklichkeit der überlieferten Haltungen und Denkmäler und Erinnerungen, die auch dem letzten Gefreiten noch, wie zu Kaisers Zeiten, den symbolischen Anteil an der Obrigkeit gesichert hatten.

Cassirers philosophiegeschichtliche Einbürgerung der Vernunftrepublik konnte sich nicht durchsetzen in einem Staat, der bis heute die Staatsangehörigkeit seiner Bürger nicht aus dem bürgerlichen Bekenntnis, sondern aus der Abstammung herleitet, und damit die völkische Tradition, aus der die Alldeutschen und Nazis sich rekrutierten, verewigt. Im Streit um den Asylartikel des Grundgesetzes gab die parlamentarische Mehrheit den Deutschen sogar das Feindbild des Ausländers zurück.

Romantische Sprüche wie "Gott segne unser deutsches Vaterland" fließen leicht von Lippen, deren Rede die bewirtschaftende Minderheit zu Lasten der bewirtschafteten Mehrheit stärkt. Eine Kampagne wie die gegen das Tucholsky-Zitat, gegen Linke überhaupt, lenkt von Regierungsschwächen und -versäumnissen noch immer leicht ab. Darum so viel Lärm um die Marginalie im Moment der Umrüstung auf Schnelle Truppen für den Einsatz weit über die Landesgrenzen hinaus. Dort sind die nationalen Symbole großer Privatvermögen, Hypotheken, Obligationen, Dividenden und Staatsanleihen zu schützen, nachdem sich der Staat über seine Exportwirtschaft erpreßbar gemacht hat durch seine Kunden.

10

Neben Oppenheimers politischer Soziologie und Freuds Archäologie der Seele ist Cassirers Theorie heutzutage nicht nur deshalb hilfreich, weil die Gestrigen wieder marschieren, die kaiserliche Reichskriegsflagge schwenken und "Fremdrassige" verbrennen, sondern auch weil die spielerische Freiheit, die um die Jahrhundertwende Freiheit einspielte, inzwischen als "Kulturindustrie", "Spannungsindustrie", "Medienindustrie" in unentgoltene Sinnesleistung für den Profit umgemünzt wird.

Dieser Prozeß ist nicht aufhebbar, wir müssen hindurch in Solidarität. Er kann nicht gestoppt werden, weil der menschliche Spieltrieb sich immer neue Gegenstände schafft und es mit ihnen eine Weile treibt, bis er ihre Bedeutung versteht und über sie hinausgreift. Mehrings "Familie Müller" sind wir alle. Wir spielen mit, was Brauch ist, weil wir unsere Meinungen lieben und Angst davor haben, an Langeweile ("Langer Weile") einzugehen.

Warum aber, wenn wir das Spielzeug so sehr lieben, passen wir dann unsere Meinung an und unterdrücken sie, behalten sie für uns, sobald Stärkere ins Spiel kommen? Wenn die Metapher vom Kinderspielzeug stimmt, liegt die Antwort in jedem Sandkasten: Kinder gehen mit ihren Spielzeugen sorglos um, solange sie ihnen keiner wegnehmen will; wenn diese Gefahr aber droht, nehmen sie die Spielzeuge zurück, um sie zu behalten, zu hüten und zu bewahren. Dann ist zwar das Spiel aus, aber es kann doch irgendwann weitergehen an anderem Ort zu anderer Zeit.

Bildnachweis

[U. 1]   Horst Janssen: Porträt Erich Mühsam (Radierung); Erich-Mühsam-Gesellschaft, Lübeck

[S. 1]   EMG, Lübeck

[S. 2]   Ullstein-Bilderdienst, Berlin

[S. 6]   Kurt-Tucholsky-Archiv (Deutsches Literaturarchiv, Marbach)

S. 30   Ossietzky: Ullstein-Bilderdienst, Berlin; Mühsam: EMG, Tucholsky (KTA)

S. 53   Titelblatt „Fanal"

S. 69   Titelblatt „Weltbühne"

S. 94   Titelblatt des Buches „Deutschland, Deutschland über alles" von Kurt Tucholsky (KTA)

[S. 116]   Hans Ostwald, Das Zillebuch. Berlin: Franke 1929, S. 419 (Mühsam-Karikatur); Montag Morgen, Nr. 52, Dezember 1931 (Ossietzky-Karikatur); KTA (Tucholsky-Karikatur)

[U. 4]   Selbstkarikatur Erich Mühsams. Bleistiftzeichnung, 22.1.1912. Gästebuch Arthur Kutscher, Bd. 1, S. 87 (Privatbesitz Ilse Klein, München). Abdruck aus: Gerd W. Jungblut (Hrsg.) In meiner Posaune muß ein Sandkorn sein. Briefe 1900-1934. Vaduz: Topos 1984, Bd. 1, S. 140

Publikationen der Erich-Mühsam-Gesellschaft

Die EMG gibt zwei Publikationsreihen heraus: das „Mühsam-Magazin" und die „Schriften der Erich-Mühsam-Gesellschaft". Bisher sind erschienen:

Mühsam-Magazin:

Heft 1 (1989):   (vergriffen)

Heft 2 (1990):   (vergriffen)

Heft 3 (1992):   (vergriffen)

Heft 4 (1994):   Mit der unveröffentlichten Erzählung „Tante Klodt" von Erich Mühsam

Heft 5 (1997):   Mit dem Sylter Tagebuch (1891) von Erich Mühsam

Heft 6 (1998):   Mit Materialien zum Streit um die Mühsam-Rechte

Heft 7 (1999):   Mit Materialien der Tagung „Erich Mühsam und die Kunst" und der Preisverleihung 1997

Heft 8 (2000):   Mit „Im Nachthemd durchs Leben" (1914) von Reinhard Koester, Carl Georg von Maaßen und Erich Mühsam

Heft 9 (2001):   Mit Materialien zum Verhältnis Erich Mühsams zu Senna Hoy, Oskar Maria Graf und Emmy Hennings

Heft 10 (2003):   Mit Materialien zur Rettung der Lübecker Löwen-Apotheke und zur Roten Hilfe

Schriften der Erich-Mühsam-Gesellschaft:

Heft 1 (1989):   Chris Hirte: Wege zu Erich Mühsam (vergriffen)

Heft 2 (1991):   Erich Mühsam – Revolutionär und Schriftsteller (2. Aufl. 1997)

Heft 3 (1993):   Erich Mühsam und … (der Anarchismus und Expressionismus; die „Frauenfrage"; Ludwig Thoma) (2. Aufl. 1998)

Heft 4 (1993):   Die Graswurzelwerkstatt / Erich-Mühsam-Preis 1993 (vergriffen)

Heft 5 (1994)   Der „späte" Mühsam

Heft 6 (1994):   Kurt Kreiler: Leben und Tod eines deutschen Anarchisten

Heft 7 (1995):   Anarchismus im Umkreis Erich Mühsams

Heft 8 (1995):   Musik und Politik bei Erich Mühsam und Bertolt Brecht

Heft 9 (1995):   Zenzl Mühsam: Eine Auswahl aus ihren Briefen. Herausgegeben von Uschi Otten und Chris Hirte

Heft 10 (1995):   Andreas Speck: Sich fügen heißt lügen: Die Geschichte einer totalen Kriegsdienstverweigerung / Erich-Mühsam-Preis 1995 (vergriffen)

Heft 11 (1996):   Frauen um Erich Mühsam: Zenzl Mühsam und Franziska zu Reventlow

Heft 12 (1996):   Erich Mühsam – Thomas Mann – Heinrich Mann. Berührungspunkte dreier Lübecker

Heft 13 (1997):   Birgit Möckel: Das Ende der Menschlichkeit. George Grosz' Lithographien, Aquarelle und Zeichnungen aus Anlaß der Ermordung Erich Mühsams

Heft 14 (1997):   Allein mit dem Wort: Erich Mühsam, Carl von Ossietzky, Kurt Tucholsky – Schriftstellerprozesse in der Weimarer Republik

Heft 15 (1999):   Literatur und Politik vor dem 1. Weltkrieg: Erich Mühsam
                    und die Bohème

Heft 16 (2000):   Erich Mühsam und andere im Spannungsfeld von Pazifismus
                    und Militarismus

Heft 17 (1999):   Dietrich Kittner: Kleine Morde – Große Morde – Deutsche
                    Morde / Zur Verleihung des Erich-Mühsam-Preises 1999

Heft 18 (2000):   Thomas Dörr: „Mühsam und so weiter, was waren das für
                    Namen …" – Zeitgeist und Zynismus im nationalistisch-
                    antisemitischen Werk des Graphikers A. Paul Weber

Heft 19 (2000):   Anarchismus und Psychoanalyse zu Beginn des 20. Jahrhun-
                    derts – Der Kreis um Erich Mühsam und Otto Gross

Heft 20 (2002):   „Bücher kann man nicht umbringen" – Zur Verleihung des
                    Erich-Mühsam-Preises 2001 an Mumia Abu-Jamal

Heft 21 (2002):   Erich Mühsam und das Judentum

Heft 22 (2003):   Das Tagebuch im 20. Jahrhundert – Erich Mühsam und an-
                    dere

Soweit die Hefte nicht vergriffen sind, können sie bei der EMG oder im Buch-
handel erworben werden.

Erich-Mühsam-Gesellschaft e. V., Lübeck

1. Buddenbrookhaus, Mengstr. 4, 23552 Lübeck

2. Sabine Kruse, Charlottenstr. 23, 23560 Lübeck

http://www.erich-mühsam.de

http://www.buddenbrookhaus.de

eMail: info@buddenbrookhaus.de

Längst überfällig war sie. Seit dem 111. Geburtstag am 6.4.1989 existiert sie und soll mit **Ihrer** Unterstützung lebendige Arbeit leisten.

Aufgabe der Erich-Mühsam-Gesellschaft ist es, das Andenken des Schriftstellers zu erhalten, in seinem Geist die fortschrittliche, friedensfördernde und für soziale Gerechtigkeit eintretende Literatur zu pflegen und seine Absage an jede Unterdrückung, Gewalt und Diskriminierung von Minderheiten für die Gegenwart zu nutzen.

Unsere Pläne:

- Aufbau eines Archivs in Lübeck
- Schaffung eines Erich-Mühsam-Museums in Lübeck
- Lesungen und Inszenierungen
- Vorträge und Seminare
- Förderung der wissenschaftlichen Forschung
- Herausgabe weiterer Hefte der Schriftenreihe und des Magazins
- Vergabe eines Erich-Mühsam-Preises

Ein früherer Lübecker Bürgermeister hat – bezogen auf Thomas und Heinrich Mann sowie Erich Mühsam – gesagt: „Dass die auch gerade alle aus Lübeck sein müssen – was sollen die Leute im Reich von uns denken!" Nun – die Brüder Mann mussten emigrieren, Mühsam wurde auf grausame Weise 1934 im KZ Oranienburg ermordet. Das „Reich" ging kaputt …

Der Schriftsteller, Dramatiker, Bänkelsänger, Lyriker, Zeichner, Essayist, antimilitaristische Agitator und Journalist Erich Mühsam gehört zu den bedeutendsten und vielseitigsten kritischen Talenten Deutschlands im frühen 20. Jahrhundert. Es gilt, diesen wichtigen Sohn Lübecks, der für Frieden und Freiheit kämpfte, in das Bewusstsein der Öffentlichkeit zu bringen.

Die Erich-Mühsam-Gesellschaft e. V. ist vom Finanzamt Lübeck nach § 5, Abs. 1 Nr. 9 KstG mit Steuernummer 662-HL als gemeinnützig anerkannt.

Karikaturen von Heinrich Zille (Erich Mühsam), Herrmann (Carl von Ossietzky) und Walter Trier (Kurt Tucholsky)